重庆市高校国际化人文特色非通用语建设项目资助

看见世界丛书

看见印度

影像里的印度

朱天祥　熊晨旭　主编

上海远东出版社

图书在版编目(CIP)数据

看见印度:影像里的印度 / 朱天祥,熊晨旭主编
. —上海:上海远东出版社,2021
　　ISBN 978 - 7 - 5476 - 1761 - 8

　　Ⅰ.①看… Ⅱ.①朱…②熊… Ⅲ.①印度—概况②
电影评论—印度 Ⅳ.①K935.1②J905.351

　　中国版本图书馆 CIP 数据核字(2021)第 229254 号

责任编辑　李　敏
封面设计　徐羽情

看见世界丛书
看见印度:影像里的印度

朱天祥　熊晨旭　主编

出　　版　**上海遠東出版社**
　　　　　　(201101　上海市闵行区号景路 159 弄 C 座)
发　　行　上海人民出版社发行中心
印　　刷　上海锦佳印刷有限公司
开　　本　635×965　　1/16
印　　张　13
字　　数　181,000
版　　次　2021 年 12 月第 1 版
印　　次　2021 年 12 月第 1 次印刷
ISBN 978 - 7 - 5476 - 1761 - 8/K・189

定　　价　58.00 元

目　　录

第一章

印度概览

第一节　印度国情简述

一、领土

印度全称印度共和国,首都位于新德里,国土面积约 298 万平方公里,居世界第 7 位(不包括中印边境印占区和克什米尔印度实际控制区等),是南亚次大陆最大的国家。印度东北部同中国、尼泊尔、不丹接壤,孟加拉国夹在其东北国土之间;东部与缅甸为邻;东南部与斯里兰卡隔海相望;西北部与巴基斯坦交界。[①]

印度地处北纬 $8°24'\sim37°36'$ 和东经 $68°7'\sim97°25'$ 之间,可以分为北部高山区,中部印度河—恒河平原区,南部德干高原区和西部沙漠区。其中,北部高山区为喜马拉雅山脉的一部分。喜马拉雅山脉由数条几乎相互平行的山脉构成,山脉之间横亘着许多高大的山峰,仅有少数山口可以通往印度。这里地势险峻,终年积雪,河流短而湍急,气候寒冷,雨量极少;交通不便,尤其是冬春季节,冰雪封山,交通几乎全部断绝。

中部平原区是由印度河、恒河和布拉马普特拉河冲积而成,是世界上最大的冲积平原之一,也是世界上人口密度最大的地区之一。中部平原区约占印度总面积的 40%,是印度主要产粮区。这里河流纵横,土壤肥沃,农业发达,交通便捷,是印度经济最发达的地区,也是印度政治和文化中心区域。其中,恒河流域及朱木拿河流域亦称印度斯坦平原,素有"印度鱼米之乡"的美称。

南部德干高原区由阿拉瓦利山、温迪亚山、萨特普拉山、梅卡拉山

---

① 参见中华人民共和国外交部网站:"印度国家概况",https://www.fmprc.gov.cn/web/gjhdq_676201/gj_676203/yz_676205/1206_677220/1206x0_677222/.

印度自然风光

和阿旃陀山组成,是地球上最古老的地块,经过数十亿年的风化和雨水侵蚀而形成。它西起阿拉伯海岸的西高止山,向东缓缓下降到孟加拉湾旁的东高止山。德干高原中部多丘陵和高原,部分地区有峡谷及河滩;西南部多深谷高山;西北部的黑土肥力高,保墒力强,适宜栽种棉花;东部矿藏丰富,有铁矿、锰矿、煤矿和云母矿等,是世界上著名的矿区之一。

西部沙漠区分为大、小沙漠。大沙漠从卡奇湾开始,到卢尼河北部边境地带止,是从拉贾斯坦到巴基斯坦信德省的交通枢纽。小沙漠从斋萨米尔和乔达普尔间的卢尼河沿岸起,到北部边境地带止。在大、小沙漠之间,有一块岩石地带。

印度矿产资源丰富,铝土储量和煤炭产量均占世界第五位,云母出口量占世界出口量的60%。其他主要的自然资源还有铁矿、锰矿、铁矾土、钛矿、铬铁矿、天然气、石油、钻石、石灰石和可耕地等。

印度东临孟加拉湾,西濒阿拉伯海,南面是浩瀚的印度洋,海岸线长约 5 560 公里。根据《联合国海洋法公约》的规定，印度获得了 200 万平方公里的海洋专属经济区，是其陆地面积的三分之二。印度地处热带区域，海洋里生长着丰富的珊瑚群体。这些珊瑚体对于抵御海浪冲刷、保护海岸形态具有重要作用。印度孟买近海上有数座海上大油田，坎贝湾、保克海峡以及拉克代夫、安达曼和尼科巴群岛周围海域也有大量的潜在石油资源。而拉克代夫和安达曼群岛还是热能开发的理想之地。[①]

二、人口

截至 2021 年 3 月，印度现有人口总数为 13.55 亿，居世界第 2 位。根据印度十年一次的人口普查数据，2011 年印度全国总人口为 12.1 亿人，较 2001 年人口普查数 10.3 亿人增加 1.8 亿人，十年共增加 17.5%，增长率较上个十年下降 3.9%，年均增长率为 1.64%。印度人口分布十分不均，北方邦人口最多，占整个印度人口的 16%，马哈拉施特拉邦的人口占到了全印度人口的 9%，排名第二，比哈尔邦的人口排名第三。这三个邦的人口总数是 4.16 亿，而拉克沙群岛人口最少，只有 6 万人口，占整个印度人口数不到万分之一。从性别来看，2011 年全印度男性共计约 6.2 亿人，占总人口的 51.54%，女性共计约 5.9 亿人，占总人口数的 48.46%，男女性别比为 106.4，是自 1971 年以来最低的男女性别比。从年龄结构来看，印度 2011 年 0—14 岁组总人口为 3.6 亿人，占总人口数的 29.8%；15—64 岁组总人口为 7.8 亿人，占总人口数的 64.5%；而 65 岁以上组总人口数只有 0.6 亿人。

从地区人口密度来看，密度最高的是新德里，高达每平方公里 1.1 万人；第二是昌迪加尔，每平方公里 0.9 万人。密度最低的是安达曼-尼科巴群岛，每平方公里仅有 46 人。从区域来说，人口密度最高的是东部，达到了每平方公里 625 人；其次是中部，达到了每平方

---

① 参见李令华：《印度的海洋开发利用》，《海洋信息》1994 年第 6 期。

公里 417 人；人口密度最低的是东北部，只有每平方公里 176 人。①

印度是一个多民族国家，大约有 100 多个大小民族，400 多个部族。其中，部族在印度宪法中被正式称为"表列部族"。目前印度社会的部族人口已经超过 8 000 万。各部族人口数量差距悬殊。有些部族只有区区几百人，甚至几十人，而较大的部族人口则多达几百万。

印度妇女

表 1　印度主体民族概况②

印度斯坦族	印度人口中占比重最大的民族，大部分印度斯坦人信奉印度教，操印地语，少数人信奉伊斯兰教，操乌尔都语。主要从事农业，种植水稻、小麦、玉米和棉花，擅长纺织、刺绣、金属制品等手工业。

① 参见李涌平、江维：《印度 2011 年人口普查和展望》，《人口学刊》2013 年第 5 期。

② 参见马加力：《印度民族宗教概况》，《国际资料信息》2003 年第 5 期。

泰鲁固族	人口比重仅次于印度斯坦族,属达罗毗荼人,操泰鲁固语,主要居住于印度东南部。该族历史悠久,曾创造过先进的文化和文学艺术。主要从事农业,种植水稻、甘蔗和烟草,一部分人从事渔业,少数人在城市工作。
孟加拉族	主要居住于西孟加拉邦,少数居住在阿萨姆邦,操孟加拉语,与孟加拉国的主要居民同属一族。该族历史悠久,文化发达,文学、绘画、音乐等都很繁荣。族中种姓制度比较流行,但不甚严格。大多数居民从事农业,种植水稻和黄麻等。工商业较为发达。
马拉地族	主要居住于西部地区,在马哈拉施特拉邦尤多,其余在中央邦和古吉拉特邦,操马拉地语。马拉地人擅长体育运动,在摔跤、板球、曲棍球等方面卓有专长。主要从事农业,种植水稻、小麦和棉花,亦经营手工业。
泰米尔族	世界上最古老的民族之一,主要居住在泰米尔纳杜邦,部分居住在邻近的喀拉拉邦、卡纳塔克邦、安得拉邦等,操泰米尔语。该族拥有丰富的文化遗产,擅长诗歌、建筑和青铜雕塑,古典舞蹈和民间戏剧相当发达。以农业为生,主要种植水稻、甘蔗,少部分从事畜牧业和渔业。
古吉拉特族	主要聚居在古吉拉特邦,另有少量分布于毗邻地区,操古吉拉特语。主要从事农业,种植水稻、棉花等。工商业比较发达,印度许多大工商业家和银行家都出自该族。
卡纳达族	主要聚居在卡纳塔克邦,少数分布于邻近地区,操卡纳达语。主要从事农业,种植水稻、棉花、咖啡等,少数人从事纺织等行业。
马拉雅拉姆族	主要聚居在喀拉拉邦,相邻的南部各邦也有少量分布,操马拉雅姆语。该族保留了较多的母系氏族社会遗风。文学艺术甚为发达,擅长雕塑和建筑艺术。主要从事农业,种植水稻、椰子和芒果等,一部分人从事渔业。
奥里雅族	主要聚居在奥里萨邦,操奥里雅语。主要从事农业,种植水稻、小麦、高粱、油菜、甘蔗、黄麻等。擅长石雕、竹刻、绘画等手工艺术。
旁遮普族	主要分布在旁遮普邦和哈里亚纳邦,大部分人操旁遮普语,少数操印地语。该族人文化水平较高,经济上也略为富裕。多数人从事农业,一部分人以放牧为生,有些则从事纺织、制陶、地毯和木雕等手工行业。

（续表）

阿萨姆族	也称"阿霍米亚人"，主要聚居在阿萨姆邦，操阿萨姆语。主要从事农业，绝大多数人为无地或少地的农民，少数人为茶叶种植园的工人。
拉贾斯坦族	主要分布在拉贾斯坦邦及相邻地区，操拉贾斯坦语。擅长建筑、彩绘艺术和民间舞蹈。主要从事农业，亦有少数人从事畜牧和商业。
比哈尔族	主要聚居在比哈尔邦，操比哈尔语。该族历史悠久，文学艺术造诣较高。主要从事农业，种植水稻、豆类等，也有人以畜牧业为生。

三、行政区划

印度是联邦制国家，一级行政区包括 26 个邦（不包括印度政府非法设立的伪阿鲁纳恰尔邦以及有争议的查谟-克什米尔邦）、6 个联邦属地及 1 个国家首都辖区。其中，国家首都辖区仅指德里，包括 3 个直辖市，即德里、新德里和德里坎登门，下辖 214 个村。联邦属地分别是：安达曼-尼科巴群岛、昌迪加尔、达德拉-纳加尔哈维利、达曼-第乌、本地治里、拉克沙群岛。

表 2　印度各邦概况①

安得拉邦	位于印度东南部，临孟加拉湾。是印度第一个按语言划分出来的邦。
阿萨姆邦	印度最东部的邦，北、东两侧分别与中国、缅甸为邻，它是部落民聚居最多的区域。
比哈尔邦	印度东北部大邦之一。19 世纪下半叶，印度民族主义运动高涨，比哈尔成为重要抗英基地。
果阿邦	曾属于果阿-达曼-第乌中央直辖区，现系印度最小的邦。

---

① 参见周定国：《印度一级行政区划纵横谈》，《中国测绘》2005 年第 6 期。

（续表）

古吉拉特邦	印度最西部的邦，临阿拉伯海。原属孟买邦的西北部。1960年，根据以当地居民所操语言划邦原则，从孟买邦划出。
哈里亚纳邦	位于印度西北部。1966年10月1日，印度前总理英迪拉·甘地被迫同意了锡克人单独建邦的要求将印度教徒居住的地区从原旁遮普邦划出，设立哈里亚纳邦。
喜马偕尔邦	位于印度最北面的邦，座落于喜马拉雅山脉南坡。原为中央直辖区，1971年1月，印度中央政府将其升格为邦。
卡纳塔克邦	位于印度西南部，临阿拉伯海。1973年由原迈索尔邦和孟买邦的一小部分组成，并正式定名为卡纳塔克邦。
喀拉拉邦	1956年由原特拉凡尔哥-柯钦邦大部分和马德拉斯邦的一小部分说马拉雅拉姆语地区组建而成。
中央邦	邦名来自印地语，因位于印度国土的中央部分而得名，是印度面积最大的邦。
马哈拉施特拉邦	位于印度中西部，临阿拉伯海，由操马拉地语的原孟买邦大部分以及卡奇土邦、萨乌拉施特拉土邦组建而成。
曼尼普尔邦	曾为印度土邦之一。印度独立后划为中央直辖区，1972年1月21日升格为曼尼普尔邦。
梅加拉亚邦	原属阿萨姆邦，1970年4月2日从阿萨姆邦划分出来。1972年1月21日组建新邦。梅加拉亚是由Megha（云雾）和Laya（地方）组成，意为"云雾聚积的地方"。
米佐拉姆邦	印度中央政府于1972年1月21日将米佐地区从阿萨姆邦南部划出，设置米佐拉姆中央直辖区。1986年7月，又将其升格为米佐拉姆邦。米佐（Mizo）是民族名，米佐拉姆意为"米佐人之邦"。
那加兰邦	为进一步缓和那加族各部落的独立运动，1963年将阿萨姆邦一部分划出建邦。邦名由那加（Naga）和兰（Land）组成，意为"那加人居住的地区"。

（续表）

奥里萨邦	位于印度东部,东濒孟加拉湾。1950 年由原奥里萨省加上孟加拉邦和当时切蒂斯格尔邦的一部分和周边一些土邦组合而成。
旁遮普邦	旁遮普原为地区名,波斯语意为"五河之地",是指印度河右岸 5 条支流杰赫勒姆河、杰纳布河、拉维河、比亚斯河和萨特莱杰河流经的地域。
拉贾斯坦邦	印度独立后土邦逐步合并,1950 年,印度政府将众多土邦聚集之地组建成一个新邦,取名为拉贾斯坦,梵文意即"众土邦王公之地"。
泰米尔纳德邦	位于印度半岛南端的东侧。泰米尔纳德是由 Tamil(泰米尔民族)和 Nadu(地区)组成,意为"泰米尔民族居住的地区"。
特里普拉邦	位于印度东北部,东、南、西三面与孟加拉国接壤。该邦原为印度土邦,1956 年 9 月 1 日划为中央直辖区,1972 年 1 月 21 日升格为特里普拉邦。
北方邦	邦名来自印地语,根据该邦在印度所处的地理位置命名。其前身是印度独立后合并的联合省。
西孟加拉邦	印巴分治后,原孟加拉省大部分划归东巴基斯坦即今孟加拉国。余下部分 1947 年独立设置新邦,因所辖范围在原孟加拉省西部,故命名为西孟加拉邦。
恰蒂斯加尔邦	位于印度中部的一个行政邦,于 2000 年 11 月 1 日从中央邦脱离,成为印度的第十大邦。"恰蒂斯加尔"一词的印地语直译为"36 个部落",意指古代此处的 36 个部落。
贾坎德邦	2000 年 11 月 15 日从比哈尔邦分离出来单独成邦。邦官方语言为印地语,首府兰契为该邦的一个工业城市,也是印度东部地区重要的政治、经济、工业和教育中心之一。
锡金邦	曾经是一个王国,1975 年在印度的操纵下,锡金举行全民投票,废除锡金国王,加入印度。
北阿坎德邦	旧称北安查尔邦,2000 年 11 月 9 日从北方邦分离建邦,后于 2006 年 12 月改为现名。

第二节　印度电影概述

一直以来，印度电影都以"高产"闻名全球。2016 年，印度电影年产量达到 1902 部，排名世界第一，比中美两国电影产量总和还要多。印度电影业之所以能呈现出一派生机勃勃的景象，首先得归因于印度人民对电影的热情，其街头的电影海报数量就远超广告海报数量。印度人不爱看电视，但一年至少要进一次影院，白领阶层一周会看两场电影。虽说贫富悬殊极大，但低廉的票价让看电影在这个国度成为一项全民运动。在印度的大城市里，即便是高档电影院最贵的电影票也仅需 30 到 50 卢比。①

印度是世界上电影节最多的国家。据不完全统计，印度每年要举办各类国际电影节 10 余种，国内电影节不计其数。相当一部分邦都有自己的国际电影节，但规模不大，影响有限。中央政府举办的比较有影响的国际电影节有三个：印度国际电影节、孟买国际电影节、印度国际儿童电影节。印度国际电影节是印度最大的国际故事片电影节，参展的国家比较多。自 2004 年起，此电影节举办地从德里转至果阿。孟买国际电影节为纪录片、短片和动画片电影节，每两年一届。印度国际儿童电影节每两年一届。印度是世界上仅有的两个具有完整电影工业体系的国家。印度电影海外输出居世界第二，仅次于美国好莱坞。印度电影在南亚次大陆占据绝对统治地位，在阿拉伯世界可以和好莱坞抗衡，在东南亚、非洲、大洋洲、北美具有不俗影响力。随着印度国力上升，印度电影的世界影响力会越来越大，甚至有机会挑战好莱坞的全球霸主地位②。

---

① 参见田朝阳：《百年印度电影大繁荣 多元化转型抢占国际市场》，https://www.1905.com/news/20130522/653719_2.shtml.

② 参见《世界各国电影综合实力 15 强排名！》，https://www.sohu.com/a/122947549_561506.

印度电影的历史开启于 19 世纪末期。1896 年,世界上第一部电影的拍摄者卢米埃尔兄弟在孟买播放电影,引起了印度制片人的强烈兴趣。被誉为印度电影之父的巴尔吉随后创立了艾尔芬斯坦影片公司。1913 年,巴尔吉推出印度第一部电影《哈里什昌德拉国王》,一上映就受到广泛欢迎。孟买的资本家们也开始投资电影,使得印度电影迎来了一个爆发期。到 1920 年前后,印度基本上形成了以印地语为主的孟买,以孟加拉语为主的加尔各答,以泰米尔语为主的马德拉斯三大制片中心。从 20 世纪 30 年代开始,新的电影公司如雨后春笋般纷纷成立。电影不仅成了印度社会一种重要的行业,而且成了艺术表现的一种手段,被称为"第八艺术"。

1947 年印度独立也是印度电影发展史上的一个分水岭。印度电影开始采用所谓的"三三三"制作标准,即电影时长三小时,影片中穿插三首歌曲、三段舞蹈。至此,印度电影进入特征鲜明的产业化时代。这一时期,印度电影开始趋向现实主义。1951 年,拉兹·卡布自导自演了《流浪者》,反讽独立脱序及种姓制度杀人的社会写实,成为印度电影新起点的重要标志。与此同时,印度电影逐步走出国门。印度导演萨蒂亚吉特·雷伊执导的《阿普三部曲》以及比麦尔·洛伊执导的《两亩地》都曾在国际上荣获大奖。1977 年,孟买设立电影城,占地200 多公顷。其中,宝莱坞成为印度最大的电影制片厂,其规模阵容和电影产值都在印度位列第一。

20 世纪 80 年代以来,印度电影业进入艰难时期。90 年代后,好莱坞电影大量涌入印度市场,催生了印度独具特色的"masala"(印地语,香料)电影。对此,印度政府多措并举积极推动影视产业发展。2001 年,印度电影的出口量就已经位居世界第二位。2002 年,宝莱坞的全球营业额达到 13 亿美元。2003—2008 年,宝莱坞开始向商业电影转化,大大降低了制作成本。此外,宝莱坞还通过改编好莱坞电影如《杀手》《未知死亡》等,积累电影创作经验,带动了印度电影产业高歌猛进的发展态势。①

尽管宝莱坞的名气最大，然而宝莱坞并不等同于印度电影，它只是庞大的印度电影产业中，最为人所知的一部分。事实上，除了以孟买为中心的印地语影视制作基地"宝莱坞"，印度还有几个体现不同民族语言特色的电影制作基地，如以加尔各答为中心的孟加拉语影片制作基地和以海德拉巴为中心的泰卢固语影片制作基地(Tollywood，被称为"泰莱坞")。几大基地各成系统，彼此竞争也互为借鉴，共同构成了印度电影产业的整体图景。②

表3 印度电影票房影史排名前十的影片(截至 2017 年 8 月)

印度片名	中文片名	语种
P.K.	我的个神啊	印地语
Baahubali：The Beginning	巴霍巴利王：开端	泰卢固语、泰米尔语、印地语、马拉雅拉姆语
Dangal	摔跤吧！爸爸	北印度语
Andhadhun	调音师	印地语
Dhoom 3	幻影车神	北印度语，泰米尔语，泰卢固语
3 idiots	三傻大闹宝莱坞	北印度语
Drishyam	误杀瞒天记	北印度语
Sultan	苏丹	印地语
Dilwale	慷慨的心	印地语
Toilet-Ek Prem Katha	厕所英雄	印度语

数据来源：https://www.phb123.com/yule/dianying/39592.html.

---

① 参见《从印度神片到电影产量全球第一，开挂的宝莱坞令人不禁尖叫》，https://www.163.com/dy/article/FKAPP8120518J3SG.html.

② 参见毕晓洋：《〈摔跤吧！爸爸〉大热 印度电影超乎你想象》，http://www.xinhuanet.com/world/2017-06/02/c_129623055.htm.

虽然印度电影曾一度以轻松搞笑、动作歌舞串烧、爱情主线和场面华丽的娱乐风格为主,但是21世纪的印度电影更加注重现实主义题材。这一类型的电影吸收了大量好莱坞的特色,使故事在具有社会现实意义的同时,又具备了较好的商业性。实际上,早在20世纪50年代,现实主义就在印度电影中占有重要的一席。当年,被称为印度电影"国宝"的萨蒂亚吉特·雷伊就曾将作家班纳生的著名小说《大河之歌》搬上了银幕,展现了当时印度农村和城市的生活景象。这些电影将现实主义的精神带入了传统上仅以歌舞娱乐为主要表现对象的印度影坛,同时为新一代印度导演的现实之路打下了扎实基础。另外,随着印度经济社会的发展,各种社会问题也层出不穷。诸如官吏腐败、大量贫穷人口以及国内种族宗教冲突等长期得不到解决的问题,已经成为印度发展中的瘤疾,并经过新闻媒体的报道引起了社会广泛关注,同时也召唤着有社会责任感的导演对其进行披露。① 也正是这种现实主义题材电影的大量存在,为通过电影了解印度历史、政治、经济、社会、文化的方方面面提供了可能性和有益的视角。

---

　　① 参见牟芸芸、杨俊雄:《近十年来印度电影现实主义风格探微》,《电影文学》2012年第4期。

第二章

征服与融合的篇章——电影中的印度历史

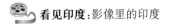

第一节 《阿育王》与古代印度

主讲影片

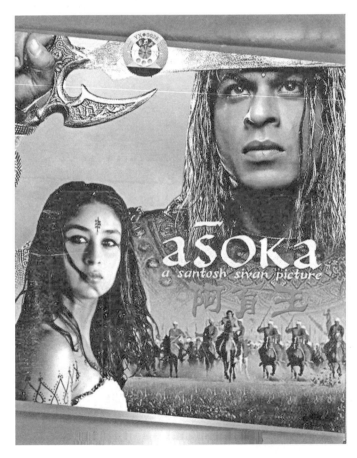

《阿育王》

孔雀王朝是印度有史以来第一个统一的大帝国，而这个帝国的发展很大程度上要归功于第三任国王庇耶陀西，史称阿育王。 影片《阿育王》讲述的便是他的传奇故事。 由沙鲁克·汗饰演的阿育王勇猛善战，战功赫赫，拥有极高的声誉，却因锋芒太过耀眼，遭到兄弟嫉恨陷害。 面对兄弟们的阴谋诡计，阿育王不以为意，却还是在母亲的苦苦劝说下，离开险恶的王宫，隐姓埋名。 期间，他邂逅了同样因宫廷政变而流离失所的羯陵伽公主卡瓦奇。 两人惺惺相惜，坠入爱河，共同经历了无数的艰难险阻。 可正如一位僧人所说，太阳纵然躲在云后还是太阳，阿育王注定重返王宫，继承王位。 为此他与卡瓦奇生离死别，重返权力斗争的旋涡之中。

阿育王的哥哥为了争夺王位而不择手段。 在一次刺杀行动中，阿育王的母亲为了救他的王妃不幸被杀。 母亲的死亡让阿育王彻底黑化，心中充满仇恨的他，杀掉了所有的兄弟，登上了王位。 被仇恨与杀戮支配的阿育王率领大军南征北讨，军队所到之处血流成河、尸横遍野、生灵涂炭。 阿育王用沾满鲜血的双手建立了空前的丰功伟业，同时也使自己成了一个不折不扣的暴君，众叛亲离。 而当他征战到羯陵伽时，遭到了当地百姓无论男女老少的顽强反抗。虽然阿育王最终赢得了这场战争的胜利，却在昔日恋人卡瓦奇愤怒、悲切的眼神中幡然醒悟，"放下屠刀立地成佛"，开始大力推行佛教，佛教在全世界范围内的传播正是得益于此。

国情背景

一、帝国的交迭更替

1. 早期印度河流域文明及国家的诞生

印度位于南亚次大陆，是四大文明古国之一，其文明最早可追溯到公元前2 500年的印度河流域文明。这是一个具有一定规模的城市文明,因最早发掘的哈拉帕和摩亨-佐达罗遗址位于印度河流域而得名。在这一时期,农业、畜牧业、手工业和商业有了一定的发展,甚至有了早期的国家。但是或因自然灾害,或因雅利安人的入侵,灿烂的印度河流域文明最终衰落。

公元前15世纪左右,一批使用印欧语系语言的部落从西北方分次深入南亚次大陆。这些部落的人自称"雅利安人",他们在次大陆定居下来后,渐渐有了自己的语言,即吠陀语,并形成了自己的文明,成为了次大陆的主要居民。这一时期在历史上被称作吠陀时期。雅利安人最先占领了五河流域,后来随着人口的增长,逐渐扩展到恒河流域。原住民达罗毗荼人或被赶往南部或东北部,或被俘虏成为奴隶。随着对当地农业文明的吸收融合,雅利安人逐渐从游牧生活转变为定居生活,学会了农业生产,手工业、制造业也得以发展起来,氏族社会逐步解体,形成了阶级社会。伴随着社会生产的发展,社会分层越发鲜明,形成了阶级压迫。为了巩固自己的权力,雅利安统治阶级制定了一套社会等级制度——瓦尔纳制,将人们分为四个种姓,即掌管祭祀和教育的婆罗门,负责战争和统治的刹帝利,从事农业和社会生产的吠舍以及为上述三个种姓服务的首陀罗。部落首领的权力在阶级压迫和种姓压迫中日益壮大,王权逐渐形成,国家随之诞生了。

"《长阿含经》第5卷记载,大约前6世纪初,北印度有16个较大的国家存在"[1],更别提其他小国。在孔雀帝国建立并一统次大陆之前,整片次大陆就是一个小国林立、战事纷纭的地方。各国为了争夺领土而不断征战,其中摩揭陀国势头最盛。摩揭陀包含多个朝代,不同的家族掌权形成了不同的朝代,其中以难陀王朝最为有名。公元前4世纪,难陀王朝统治摩揭陀,通过不断地征战和吞并,其领土包含了整个恒河流域和部分中印度,是当时次大陆最强大的国家,盛极一时,最终因公元前327年到公元前326年亚历山大的侵略而衰落。

---

① 林承节:《印度史》,人民出版社,2004年,第28页。

2. 孔雀帝国

公元前 323 年,亚历山大于巴比伦去世,征服南亚次大陆的脚步就此打住。但他的撤退却给一位叫旃陀罗笈多·毛里亚的人留下了可乘之机。因为印度原先的西北诸国多数已被亚历山大征服,尚存的难陀王朝的统治也动荡不已,岌岌可危,此时整个西北印度陷入了权力真空状态。而且长年的战争给社会生产和人民生活带来了极大的破坏,人们的内心开始渴望出现一个能带来和平安宁、繁荣富强的统治者。旃陀罗笈多趁机招兵买马,鼓动人心,组建了自己的武装力量,驱逐了亚历山大留下的军队,推翻难陀王朝,继承其江山,于公元前 322 年(时间有不同说法),建立了印度史上最伟大的孔雀帝国,建都华氏城。据说由于旃陀罗笈多出身于吠舍种姓的孔雀族,所以他所建立的帝国被称作孔雀帝国。旃陀罗笈多和他的儿子宾头娑罗通过不断地兼并和征战,使帝国疆域不断扩张,到阿育王统治时期到达巅峰。阿育王南征北战,将孔雀帝国的版图扩张到了几乎印度全境,其中还包括了现在的孟加拉国、尼泊尔、巴基斯坦、阿富汗地区,还有缅甸、伊朗、中亚的一部分,使之成为当时世界上数一数二的大帝国。

正如电影《阿育王》所演绎的,阿育王一生可分为黑白两个时期。"黑阿育王"冷血无情,大杀四方,所到之处哀鸿遍野,民不聊生,是一名不折不扣的暴君。公元前 260 年,他出征羯陵伽,这是他人生的最后一场战役。虽然阿育王赢得了胜利,但战后分外惨烈的场景让他幡然悔悟,意识到了战争的残酷。他满怀忏悔之心,发誓再也不发动战争,而要以道德观念即"法"来征服世界,从此开启了"白阿育王"时代。白阿育王皈依佛教,通过佛教教义寻找内心的平静。他大力推行佛法,修建石柱、佛塔和寺庙,组织佛教集会,派僧侣到周边国家传教,推动了佛教的兴盛和大规模传播。但他并不打压其他宗教,他希望所有宗教都能和睦相处。其伟大之处还在于确立了孔雀帝国的政治体制,建立起印度历史上第一个中央集权国家。他兴修水利,鼓励农民开垦土地,大力发展农业,还重视修筑道路,统一货币和度量衡,扩大了商品流通的范围，使得内外贸易较之前有了更好的发展。

阿育王死后，孔雀帝国迅速衰落，其后代能力平庸，勉强将帝国统治延续了50余年。最后一位国王的名字叫布里哈德罗陀，被臣下普西亚米陀罗所弑，后者建立了巽伽王朝（前187—前75年）。至此，拥有137年历史的孔雀帝国消失于历史的长河之中。

3. 贵霜帝国

孔雀帝国解体后的近四百年里（前2世纪—2世纪），次大陆再一次四分五裂，割据成诸多小国，相互争霸。不久，来自中亚和西亚的入侵者在印度西北部建立了自己的统治，控制着西北方的政局，直到公元1世纪下半叶，大月氏人的入侵打破了这一局面。大月氏人有5个部落，即所谓五翕侯，分别为贵霜、休密、双靡、肸顿和都密，其中以贵霜部落最为强大。公元1世纪初，贵霜首领丘就却（迦德菲塞斯一世）打败其余四部，一统五部落，建立了一个中亚大国，并开始征服周围地区。公元50年左右，丘就却在巩固了中亚的统治之后，率军越过兴都库什山脉，征服了印度西北部地区，并将势力扩大到印度河上游。其孙阎膏珍（卡德菲兹二世）继承贵霜王位，他击败了旁遮普地区的沙卡政权，又成功征服了恒河流域上游地区，向北攻占了克什米尔。由于这时贵霜帝国的大部分领土处于南亚，阎膏珍便把都城从蓝氏城向南迁到富楼沙，即今日的白沙瓦。迦腻色伽一世统治期间，贵霜帝国到达了巅峰，成为横跨中亚、阿富汗和印度西北部及北部的大帝国。

迦腻色伽一世也是贵霜帝国最著名的统治者。他本信仰婆罗门教，后皈依佛教，成为佛教的保护者，被佛教徒奉为传播佛法的法王。迦腻色伽一世死后，贵霜帝国开始衰落。公元3世纪中叶，波斯人再次进入印度西北地区，占领了富楼沙和呾叉始罗，贵霜沦为波斯萨珊王朝的附庸。

4. 笈多帝国

公元4世纪初，旃陀罗·笈多以孔雀帝国的旧都华氏城为首都，自封为"王中之王"，建立笈多帝国，其领地只有摩揭陀地区和今北方邦东部。其子沙摩陀罗·笈多于公元335年继位，上台后野心勃勃，南征北讨，试图像阿育王那样征服次大陆。沙摩陀罗·笈多具有非凡的军事才能，征服了众多国家，其疆域东起孟加拉（除东南角之外），北沿喜马拉雅山脚，西抵旁遮普，然后沿朱木拿河而下，南至泰米尔纳德的建志，被称作"征服者国王"。其子旃陀罗·笈多二世（375—415年在位），自称超日王。笈多帝国的版图在他手中进一步扩大，南至德干高原西部，增加了帝国在南印的影响力；西至西萨特拉普，控制了西海岸港口，加强了其经济地位。此时国泰民安，贸易繁荣，文学艺术也得到了发展。旃陀罗·笈多二世养了许多宫廷诗人，迦梨陀娑便是其中之一。在这一时期，印度教复兴并巩固，成为印度最主要的宗教。梵语文学和艺术又有了新的发展，宗教理论和哲学思想也越来越深化，印度教文化迎来了全盛时期，因此，这一时期被有些史学家称作印度"黄金时代"。我国高僧法显访问印度正值这一时期。

好景不长，笈多帝国的太平盛世没有持续多久，来自中亚的游牧民族白匈奴又从西北方向入侵了。笈多帝国的统治比较松散，在旃陀罗·笈多二世这样一位有能力的君主去世之后，各属国生了异心，蠢蠢欲动，白匈奴的入侵加速了王朝的瓦解。到了塞犍陀·笈多时期（454—467），笈多帝国对抗白匈奴失利，遭受重创。塞犍陀死后，笈多王朝迅速衰落，各属国纷纷独立。公元5世纪，白匈奴占领了北印大部分地区，建立了自己的统治，后被笈多帝国及其属国打败，统治随之瓦解。公元6世纪上半叶，笈多帝国从内部开始分崩离析，渐渐消失在历史的长河中。

5. 戒日帝国

笈多帝国的瓦解，给印度留下了一个小国林立的混乱局面。较为重要的部族有东部的另一个笈多家族，以摩揭陀地区为中心；西部的毛卡里族，在今北方邦，以曲女城为中心；恒河-朱木拿河间地的普希亚布蒂族，以坦尼沙（德里以北）为中心；古吉拉特地区的麦特拉卡家族，以瓦拉比城为中心。另外还有其他众多小国。

因在抵抗白匈奴入侵中表现最为突出,普希亚布蒂王族在白匈奴人退走后最有影响力。后因毛卡里王位后继无人,普希亚布蒂王族与毛卡里王族曾为联姻关系,普希亚布蒂之王戒日王在贵族的联合请求下将两国合并,建立戒日帝国,以卡瑙季城为都。这意味着北印度大部分地区再次统一。

戒日王在位 41 年,帝国疆域远至旁遮普、克什米尔和尼泊尔。同时,他又是一个诗人和剧作家。他写过三个剧本:两个喜剧,一个宗教剧。他重视文学发展,在他的保护和支持下,那烂陀寺成了著名的教育和艺术中心。他本人是大乘佛教的信徒,曾多方面照料玄奘。同阿育王一样,作为一个统治者,他包容各种教派,希望各教派和睦相处。但由于地方属国分裂倾向日益严重,戒日帝国的统治不再稳固,公元 647 年戒日王去世后,帝国也不复存在。

6. 苏丹王朝

戒日帝国覆灭后,印度又陷入四分五裂的局面,持续了五六个世纪之久。当时的印度小国林立,王公们忙于互相厮杀,丝毫没有察觉来自外部的危险已然逼近了。公元 10 世纪,阿富汗兴起了一个突厥人政权——加兹尼王朝。它首先消灭了印度西北边陲的印度教沙西国,占领印度河以西的肥沃地带,把它们作为入侵印度的基地。1175年,穆罕默德·古尔为了占领印度再次入侵,遭到了印度西北地区王公的联合抵抗。几次交战后,穆罕默德占领印度西北部,并率军进一步东进。1206 年,他遇刺身亡,但其部下库特布丁·艾伊拜克继承了穆罕默德在印度的领地,脱离阿富汗自立苏丹,在印度建立了第一个穆斯林帝国,因迁都德里而被称作德里苏丹帝国。德里苏丹共经历了五个王朝,分别为奴隶王朝、卡尔吉王朝、图格鲁克王朝、赛义德王朝和洛迪王朝。16 世纪初,洛迪王朝的阿富汗贵族夺取德里苏丹政权,发生内乱。帖木儿后裔巴布尔率领莫卧儿军乘机入侵,1526 年与阿富汗贵族联合占领德里,将历时 300 多年的德里苏丹王朝推翻,为莫卧儿王朝奠定基础。

7. 莫卧儿帝国

巴布尔被人称为莫卧儿人,故他所建立的国家被称为莫卧儿帝国。巴布尔通过征战击败了拉其普特人,确立了在北印度的统治。1550 年巴布尔去世后,其子胡马雍继位。胡马雍同阿富汗人反莫卧儿势力对抗,期间不幸被打败,被迫离开王位 15 年,失去了大部分疆土,后由其子阿克巴进行收复。1556 年,年仅 14 岁的阿克巴继位,由首相辅佐,1562 年独立执政。阿克巴足智多谋,骁勇善战,精通治国理政之道。在位期间,将帝国的版图扩大至整个北印及今阿富汗的部分地区。他之后的王位继承人贾汉吉尔、沙贾汗和奥朗则布等不停地征战,使印度在莫卧儿帝国的统治下实现了空前的统一。1707 年,奥朗则布去世后,继承人多无能,没有守护住先辈打下的江山,莫卧儿王朝的实际控制领域越来越小,最后仅限于德里周围的一小片地区,一直延续到 1857 年印度民族大起义。

在莫卧儿中央政权衰落之际,又兴起多个小国。在这些印度小国忙于内战时,外面的世界已发生了翻天覆地的变化,欧洲商人及公司的势力已伸向印度,一个新的时代已经开始。

二、外族入侵

印度历史上一直遭受各种外族的入侵,包括雅利安人、希腊人、大月氏人、阿拉伯人和突厥人等。每一次外族入侵都对印度历史产生了极其重大的影响。

公元前 15 世纪左右,南亚次大陆迎来了第一批外来者,即雅利安人。当四处奔波的雅利安人通过了兴都库什山脉,发现这片富饶宜居的大陆后,便想将其占为己有。一直过着安逸定居生活的原住民无法抵抗这一强悍的游牧民族的进攻。雅利安人成功赶走了原住民,成为了这片地区的主人。他们跑马划疆,凡是马所到的地方,就占为己有。他们占领了南亚次大陆德干高原以北的地区,在这里建立了自己的统治,开创了自己的宗教吠陀教,缔造了自己的文化,成为了次大陆的主要居民。

公元前 327 年,亚历山大挥师进军印度,对印度产生了深远的影响。在政治层面,他的入侵间接促成了一个本土化的伟大帝国,即孔雀帝国的出现,使得印度实现了第一次统一。在艺术文化领域,他引入了希腊雕刻艺术,使得印度的雕塑艺术一改昔日的原始简朴,变得精细且多样起来。希腊雕刻风格和印度本土风格相融合,形成了健陀罗艺术流派。在经济领域,亚历山大的入侵拓宽了欧亚互通往来的道路,扩大了印度对外贸易的范围。

公元 1 世纪下半叶,大月氏人打破了孔雀帝国瓦解后小国林立的混乱局面,建立了贵霜帝国。大月氏人的到来沟通了印度与中亚乃至与中国的联系。从中国西部开始的这场民族大迁移影响了整个欧亚大陆。贵霜帝国的统治让印度北方与中亚在政治上连成一片,印度北方也成为东西贸易的主要通道,印度成了丝绸之路的参与者。贸易加强了印度与中国的交流,佛教也在这个时期向中亚和中国传播。

公元 7 世纪,阿拉伯帝国入侵印度,占领了信德和木尔坦,将伊斯兰教传入印度,吸引了一批信徒。不过由于其统治领域有限,影响也有限。

公元 11 世纪至 12 世纪,突厥人入侵印度,建立了穆斯林帝国,即德里苏丹帝国,对印度的政治和宗教等产生了巨大影响。德里苏丹帝国的建立标志着印度进入了由穆斯林统治的时代。德里苏丹帝国以伊斯兰教为国教,通过税收、司法等手段迫使印度教徒改变宗教信仰,给印度教带来了不小的威胁。但同时,异族的入侵也为古老的印度注入了新鲜的血液,各民族各宗教的文化相互融合,形成了独特又璀璨的印度文化。

第二节 《甘地传》与近代印度

主讲影片

《甘地传》

被称为"印度国父"的圣雄甘地在印度民族独立运动过程中留下了不可磨灭的印记。影片《甘地传》讲述了其传奇而伟大的一生,同时也展现了印度民族独立运动的发展过程。影片采用倒叙的手法,以甘地的葬礼为开场,回溯到1893年。当时,24岁的甘地已在英国伦敦大学取得了律师资格证,他在南非的一家印度商行担任法律顾问。在南非的火车上,他因肤色受到歧视,并被驱逐出头等车厢。甘地有生以来第一次遭到这样的侮辱,他意识到了种族歧视的严重,决心带领当地的印度同胞通过"坚持真理"和"非暴力"的手段,反对南非当局的不公待遇,为自己和同胞争取平等权利,为此他还被关进了监狱。

甘地出狱后,正值印度人民反英情绪高涨,他回到印度,积极投身于反对英国殖民统治、争取国家独立的斗争之中。他成为了国大党的主要领导人,大力宣传非暴力不合作的斗争理念,全身心领导印度人民进行抗争。在长期的斗争中,他曾三次被捕入狱,十五次绝食。英国殖民统治者最终决定移交政权,撤出印度。但在英国殖民者的有意挑拨下,印度国内的宗教矛盾随着独立的来临日益突出,印度教徒和穆斯林之间冲突不断,这让甘地十分忧心。1947年8月15日,印度自治领成立。当印度举国欢庆之际,国大党内部的矛盾和日益加剧的宗教冲突,让甘地怎么也高兴不起来。1948年1月30日,甘地被印度教极端主义分子刺杀身亡。

国情背景

一、英国的殖民统治

1. 西方殖民者的入侵

早在15世纪末,西方殖民势力已经伸向了南亚次大陆。1498年,葡萄牙航海家达·迦马率领远航船队绕过好望角,到达印度西海岸的商港卡里库特。他在这里收获颇丰,运回了大量的丝绸、香料、象牙和宝石等,震惊欧洲。富饶的次大陆引发了西方殖民者的无限贪欲。1500 年起,葡萄牙王室便不断派商船来印贸易,成功地在卡里库特、科钦和坎纳诺尔建立了葡萄牙商馆。1505 年,阿尔梅迪亚被任命为第一任葡萄牙驻印总督,开始建立葡萄牙的东方海上殖民帝国,此后百年的时间里,葡萄牙人几乎垄断了东方海上贸易。

葡萄牙人在印度的大丰收刺激了欧洲诸国,但由于种种原因,欧洲诸国迟迟没有行动。17 世纪初,荷兰在欧洲建立了第一个资产阶级共和国,其工商业和航运业发展迅猛,海军力量超过了葡萄牙。1602 年,荷兰东印度公司成立,旨在垄断东方贸易。1605 年,荷兰商人在印度东南海岸建立了第一个商馆,到 17 世纪中期,其商馆已遍布古吉拉特、孟加拉、比哈尔和南印海岸。但之后荷兰人同英国人发生了激烈的冲突,于 1781 年被彻底撵出了次大陆。

英国早已眼红葡萄牙在印度获得的巨大利益,但受 1493 年教皇仲裁的约束,无法分得一杯羹。16 世纪后半叶,教皇势弱,葡萄牙风光不再,英国人终于等到了机会。1600 年 12 月 30 日,英国东印度公司成立,获伊丽莎白女王的特许,拥有好望角以东的贸易垄断权。在打败了专横的葡萄牙人后,英国人获得了莫卧儿帝国第四任皇帝贾汉吉尔的好感,与帝国建立了长久贸易关系。从此,英国商人不仅可以自由经商,还不受印度政府管辖。他们在多地经商并建立商馆,形成了加尔各答、马德拉斯和孟买三大管区。

法国人来得较晚,1664 年才成立了西印度公司和东印度公司。1667 年,法国东印度公司获准在苏拉特建立第一个经理处。1674 年,法国占领了本地治里。彼时本地治里还是一个小村庄,后来发展成为法国在印属地的首府。法国在之后与英国争夺印度的统治权时,被英国打败,被迫退出印度的舞台。

2. 英国殖民统治的建立

18 世纪莫卧儿帝国瓦解后,印度再次形成割据局面,各方势力相互削弱，为虎视眈眈的侵略者创造了便利的条件。他们蜂拥而上，武装侵略印度，意图将次大陆变成自己的附属。彼时葡萄牙人势力衰落，荷兰人也只在商业领域有优势，剩下英法为了争夺在印的优势地位展开了激烈斗争。1748年，海得拉巴和卡纳蒂克两土邦为争夺王位发生冲突。英、法各站一方，利用双方斗争进行博弈，发动了三次卡纳蒂克战争。在第三次卡纳蒂克战争中，英军大败法军，占据本地治里，标志法国失去了在印度的统治力量，印度成为了英国的囊中之物。

在与法国人开战的同时，英国殖民者也不忘盯紧印度国内的动向，他们通过卑劣的手段赢得了普拉西战役，使得东印度公司取得了对孟加拉的控制权，也拉开了武力征服印度的帷幕。英国人扶持傀儡纳瓦布，迫使印度王公签订奴役性的条约，用榨取的印度人的血汗钱豢养了一支强大的武装力量，用于统治和镇压印度人民，印度进一步沦为英国的殖民地。英国殖民者还制定了所谓的"双重政府"制度，纳瓦布没有政治权利，也没有军队，是纯粹的傀儡，实权掌控在殖民者手中。"东印度公司不再是一个纯粹的商业机构；它已经变为拥有强大的军事力量、统治着大片印度领土的权力机关。"[①]这一制度导致地方行政腐败无能，殖民者和地方官员更加肆无忌惮地压榨底层人民。由于弊端过于明显，1772年这项制度被取消了。1774年10月，随着第一任印度总督瓦伦·黑斯廷斯的上任，英国殖民者开始实行直接统治。1784年，英国首相庇特提出的印度法案获得通过，使英政府进一步掌握东印度公司的民政和军政，成为实际上的统治者。

为了在全印范围内建立殖民统治，英国殖民主义者发动了对迈索尔、马拉塔和旁遮普的战争。1849年，英国直接统治了全印多半的土地和人口，其余由土邦王公统治。这些土邦王公或为英国驻军所控制，或直接由殖民者培植。到19世纪中叶，英国完成了对于整个南亚次大陆的征服，建立了庞大的英印帝国。

---

① 刘健、朱明忠、葛维钧：《印度文明》，中国社会科学出版社，2004年，第238页。

18 世纪初,英国处在资本主义原始积累阶段,对印度的殖民统治和掠夺剥削是其可靠的资本来源。他们通过扶持傀儡纳瓦布,敲诈勒索了巨额钱款。他们垄断了印度的内外贸易,从中获得了可观利益。他们还征收土地税,尽可能高地榨取印度农民的血汗钱,破坏了印度的农村经济,使得底层农民生活穷困潦倒。18 世纪末到 19 世纪初,随着工业革命的完成,英国资本主义发展到了新阶段,殖民政策也随之由原始积累阶段进入自由资本主义殖民政策阶段,即要将印度变成英国的原料产地和商品销售市场,这一转变破坏了印度传统手工业,使数千万手工业者失去了谋生之计。

二、印度民族独立运动

1. 民族意识的觉醒(1857 年印度民族大起义)

哪里有压迫,哪里就有反抗。英国殖民统治者的残酷剥削和压迫也引起了印度人民的不满和抗争。自 18 世纪后半叶起,就陆陆续续有了各种反英起义,或是封建王国利益受损进行抗争,或是底层人民奋起反抗。前者一旦自身条件被满足,就欣然收手;后者常常被武力镇压,一蹶不振。新殖民政策推行以来,土邦王公、手工业者和农民的利益进一步被剥削,殖民者和印度人民的矛盾日益加剧,积累了近百年的矛盾,终于在 19 世纪中叶爆发了。1857 年,印度北方爆发了一场大起义。印度土兵①是起义的中坚力量。为了糊口,他们过着卑躬屈膝的日子,受尽了压迫和歧视,对英国人的不满早已聚积在心头。1857 年初,英印军队改用新式恩菲尔德来福枪,这种枪的子弹在上膛前,要求士兵们用牙咬掉子弹包皮,可这些包皮上涂有牛油或猪油,对印度教徒和穆斯林来说是一种侮辱。米鲁特的印度土兵揭竿而起,标志着印度民族大起义的爆发。"5 月 10 日到 8 月,是起义沿上升线发

---

①　英国殖民者在征服和镇压印度人民的过程中,征募和训练了一支印度雇佣军,即所谓的"西帕依"或"土兵"。

展时期"[1]，在成功占领德里后，起义军得到了各地人民的响应，短短一个月内已扩大到全国各地。9 月到次年 4 月，是城市保卫战时期，英国殖民者重点反攻德里和勒克瑙地区。"1858 年 4 月起，大起义转入游击战阶段"[2]，从城市撤离的队伍和分散在农村的力量团结在一起，开展游击战。1859 年 4 月，抗英领袖坦提亚·托比惨遭背叛，壮烈牺牲，大起义也随之终结。

1857—1859 年的印度民族大起义是一次由封建王公和广大下层人民共同参与的全国性反英武装起义。这次起义是印度历史上的一个重要转折点，是近现代印度民族独立运动的开端。起义虽然以失败告终，但沉重打击了英国殖民者的统治，唤起了印度人民民族意识的觉醒，鼓舞了印度人民的斗志，有力地推动了印度民族独立运动的发展进程，具有重大历史意义。

印度民族独立运动

2. 民族独立运动的发展过程

19 世纪六七十年代，印度民族资产阶级诞生，并取得了初步发展。

---

① 林承节：《印度史》，人民出版社，2004 年，第 253 页。
② 同上。

19世纪七八十年代,资产阶级队伍逐渐壮大。著名的思想家和民族运动领导人达达拜·瑙罗吉和马哈底瓦·伦纳德提出了关于印度贫困和复兴道路的学说,为资产阶级民族运动提供了理论依据,使之取得了重大发展,资产阶级民族主义意识也进一步增强。与此同时,将分散的民族主义组织团结和统一起来,建立一个全国性的组织刻不容缓。在各地活动家和组织的共同努力下,1885年12月28日,印度国民同盟成立大会在孟买召开,宣告了印度国民大会党的诞生。国大党是印度资产阶级的政党,其诞生标志着资产阶级成为印度民族运动的领导者,标志着印度民族的进一步觉醒,同时也标志着印度民族运动进入全国性有组织发展的新阶段。

19世纪末20世纪初,小资产阶级各阶层和大批知识分子加入国大党。国大党内出现了小资产阶级民主派,他们不看好国大党温和派的斗争方式,即集会、上书、抗议,认为这条道路不符合现阶段的客观形势。在小资产阶级民主派的推动下,印度民族运动的性质也随之发生重大变化,由资产阶级民族改良运动转变为民族革命运动,通过走到群众中,发动大规模群众性政治斗争,以实现民族自治("司瓦拉吉")或独立。这一派也被称作激进派,主要领导人有提拉克等。在这一派的领导下,1905—1908年,民族革命运动迎来了高潮。

19世纪中期,资产阶级启蒙运动也影响到了穆斯林群体。一为民族独立,二为促进穆斯林发展,提升自身社会地位,穆斯林启蒙活动家积极开展启蒙活动,打破了穆斯林封建闭塞的状态,促进了其政治意识的觉醒。随着印度民族资本主义和印度民族运动的发展壮大以及国大党的成立,穆斯林上层也希望有自己的政治话语权,建立自己的政治组织。19世纪末,在总督寇松的挑拨下,印度国内教派冲突加剧,穆斯林最终于1906年12月30日成立全印穆斯林联盟,把维护伊斯兰教教派利益作为自己的最高目标。由于穆斯林联盟和国大党存在政治分歧,联盟成立头几年的活动对印度民族运动产生了不利影响。但没多久,其内部成长起一股革新势力,即青年穆斯林一派,他们认为印度只有独立自治才能进步，穆斯林只有参加民族独立运动才能真正受益。从 1913 年起，他们的主张占据上风，穆斯林联盟不再与国大党唱反调，以共同谋取印度独立。

1914 年，第一次世界大战爆发，英国将印度拖入帝国主义战争。印度民族主义力量支持英国，并希望英国能回报印度，给予印度自治。但英国殖民者的漠视让其清醒过来，意识到自治要靠自己争取。于是，印度民族运动从 1908 年后的沉寂状态逐渐复苏。具体表现在印度秘密革命组织借机发动武装起义，试图以暴力推翻英国殖民统治；全印自治同盟在全国掀起了一场自治运动浪潮；国大党内的极端派和温和派重新统一，国大党与穆斯林联盟也第一次实现合作。

第一次世界大战结束后，英国殖民者不仅不允许印度自治，反而加强了对印度人民的压制，印度人民反英情绪空前高涨。俄国十月革命的胜利也给了印度人民极大的鼓舞。但此时印度政治形势也发生了变化，1919 年 3 月通过的罗拉特法，授权司法部门可随时拘捕任何反英的嫌疑犯，让想继续开展民族运动的国大党和穆斯林联盟一筹莫展。就在此时，甘地以其独特的非暴力不合作策略，登上了印度政治舞台，吸引了广大人民群众参与民族独立运动，掀起了战后初期印度民族独立运动的新高潮。

1920—1922 年的第一次非暴力不合作运动中止后，印度民族独立运动陷入了低潮，有些参与者对不合作策略感到失望，转而投身共产主义阵营。民族主义力量的构成发生了变化。1930—1933 年，甘地领导了一场规模更大、斗争更激烈的"文明不服从运动"。虽然殖民者严厉镇压，大肆拘捕运动领导人和积极分子，但人民群众仍无所畏惧，反以为荣。群众的政治觉悟和斗争热情在一次次的斗争中得到提高。1934 年"文明不服从运动"停止。镇压了不服从运动后，1935 年英国政府颁布《印度政府组织法》，在印度实行省自治，通过选举省立法会议，由获得多数席位的印度政党组织政府。国大党参加了省立法会议选举，以维持自己的影响力，还实行了一系列社会政治经济改革。但省自治的实行也激化了穆斯林联盟与国大党之间的矛盾，双方关系恶化，穆斯林联盟开始抵制国大党政府，这对印度民族独立运动产生了深远影响。

二战爆发后，英国再次将印度拖入战争，引起民愤。二战期间，英印矛盾不断积累与激化，1942 年 8 月 8 日，国大党全印委员会在孟买召开，通过了要求英国"退出印度"的决议。次日凌晨，英国当局将出席会议的国大党领导关入监狱，引发了猛烈的反英斗争。人们不再遵从非暴力不合作理念，要求武力驱逐英国殖民者。这场以暴力收场的"退出印度"运动标志着印度在独立的道路上向前迈进了一大步。

1945 年，世界反法西斯战争的胜利结束意味着印度民族独立运动也即将迎来决胜阶段。1945 年至 1947 年，印度民族独立运动迎来了高潮，所有民族主义组织和广大人民群众都投入激烈的斗争中。英国已经不能再用宪政改革的办法哄骗印度人民，也没有精力进行武力镇压。最终，英国殖民者制定并提出了《蒙巴顿方案》，然后撤出印度。1947 年 8 月 15 日，印度自治领成立，印度人民终于迎来了梦寐以求的独立自治。

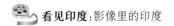
第三节 《心甘情愿》与现代印度

主讲电影

《心甘情愿》

电影《心甘情愿》以 1971 年第三次印巴战争为背景，讲述了在巴基斯坦的一位印度女间谍的故事。 影片以阿拉伯海一艘军舰上正在举行的一场庆典活动开篇，通过一位高级军官的演讲追溯到 1971 年第三次印巴战争前夕。 当时，印巴双方剑拔弩张，战争一触即发。 一名假扮克什米尔商人的印度间谍，在发现自己身患癌症，不久将要离世之后，决定让自己的女儿萨玛特远嫁巴基斯坦，替自己完成未尽的任务。 二十几岁风华正茂的萨玛特终止了学业，在接受短暂的训练之后，被安排嫁给了巴军一位中将的儿子伊克巴尔，从此，成为了一名身负重任的女间谍。 面对全新的环境，面对既友善又警惕的家人，萨玛特必须要争分夺秒，获得战争绝密情报。 然而，战争的残酷本质仍然远远超过萨玛特的预期，她不得不在个人情感和国家利益中做出选择。"在庆祝胜利的同时，我们也应该铭记，我们失去了什么。"这是一部体现战争无情的电影，也是一部印度人向在印度历史中默默无闻、牺牲奉献者致敬的电影。

国情背景

一、印巴分治与印度共和国的成立

1. 蒙巴顿方案

　　"1947 年 3 月的印度，是一艘满载火药在大洋中航行而突然着火的船。当时的问题是在大火燃烧到弹药库之前把火扑灭。"①独立前夕的印度，国内局势极其紧张，教派冲突不断，临时政府根本毫无管控能力，基本形同虚设。刚刚接任印度总督的蒙巴顿为尽早解决这个"烂摊子"，在印度各党派领导人之间"调解周旋"。

---

　　①　［英］帕姆·杜德著：《英国和英帝国危机》，苏仲彦、桂成芳、希明译，世界知识出版社，1954 年，第 172 页。

1947 年 6 月 3 日，蒙巴顿在全印广播电台发表讲话，宣布了著名的"蒙巴顿方案"：印度以自治领的方式接受政权的移交，若穆斯林占人口多数的地区希望单独建国，可以建立一个单独的自治领。如果要建立自治领，各有关省需要就自己的归属问题进行表决；自治领地位不妨碍两个自治领的制宪会议决定自己的未来，包括是否留在英联邦内。关于土邦归属问题，只是强调 1946 年 5 月 15 日内阁使团方案中提出的办法继续有效，即一旦英国移交政权，英王对土邦的最高权力即行终止。[①]

在"蒙巴顿方案"的指导下，孟加拉、俾路支斯坦、西北边省、阿萨姆邦的锡尔赫特等地区举行了立法会议投票或公民公决。结果是东孟加拉、俾路支斯坦、西旁遮普、信德、西北边省以及锡尔赫特决定加入巴基斯坦。

1947 年 7 月 18 日，英国议会通过了《印度独立法》，该法以"蒙巴顿方案"为基础，内容基本相差无几，只是将移交政权的时间具体到了 1947 年 8 月 15 日。之后，经过一系列准备工作，巴基斯坦于 1947 年 8 月 14 日宣告成立自治领，而印度自治领则于 8 月 15 日宣告成立，由尼赫鲁担任第一任总理，确定德里为首都。

印度的独立伴随着分治，是印度历史的痛点，也为之后印巴两国之间冲突不断埋下了伏笔。

2. 印度共和国的成立

尽管 8 月 15 日印度自治领的成立，通常被认为标志着印度人民长达一个世纪之久的民族独立运动的胜利，但实际上，直到 1950 年 1 月 26 日印度宪法正式生效之时，印度才在法律和事实上真正获得了主权地位，成为独立的印度共和国。宪法生效后，印度议会决定以每年的 1 月 26 日为"印度共和国日"，并举行游行活动庆祝这一伟大的节日。这也解释了为何人们喜闻乐见的印度"杂技式"阅兵通常是在 1 月 26 日这一天举行，而非 8 月 15 日。

---

① 林承节：《印度史》，人民出版社，2004 年，第 329 页。

自治领期间，印度的立法会议职权由制宪会议执行。制宪会议的任务是制定宪法，这一工作在尼赫鲁、帕特尔的领导下进行，经过长达三年的准备，于 1949 年 11 月 26 日完成全部程序，通过了宪法草案。1950 年 1 月 24 日，制宪会议举行了最后一次会议，选举拉金德拉·普拉萨德为印度首任总统，完成了其历史使命。总统拉金德拉·普拉萨德于 1 月 26 日宣布就职，并颁布总统令，宪法于这一日正式生效。关于国家性质，印度宪法规定：印度是主权的民主共和国，权利来自人民。1976 年宪法第 42 条修正案又在"主权的""民主的"之外，加入了"社会主义的""世俗的"字眼，明确表明"印度人民决心建立一个主权的、社会主义的、世俗的和民主的共和国"。

　　宪法还规定了印度实行联邦制和议会民主制。军事领导体制方面，规定总统为全国武装力量的最高统帅，但由总理和国防部长协助其行使权力。宪法同时规定了印地语为联邦的第一官方语，英语在未来 15 年内继续作为联邦官方语言使用，15 年之后是否继续使用，将由联邦议会再次决定。

　　由此，印度历史进入共和国时期。

二、主要政权的更迭

1. 贾瓦哈拉尔·尼赫鲁

　　贾瓦哈拉尔·尼赫鲁是印度历史上的第一任总理，也是影响最为深远，同时也极具争议的一位总理。他带领国大党在 1951 年 10 月 25 日至 1952 年 2 月 21 日进行的印度首届大选、1957 年 2 月 24 日至 3 月 15 日进行的第二次大选，以及 1962 年 2 月举行的第三次大选中，连续三次以绝对优势赢得胜利，其本人连续担任三届政府总理，直到 1964 年去世。

　　在尼赫鲁执政时期，印度收复了一直被法国和葡萄牙占据的领土，实现了国家的完全统一。在社会发展道路与目标方面，通过 1955 年国大党《关于建立社会主义类型社会的决议》明确了要建立"社会主义类型社会"。该决议指出："为了实现国大党党章第一条规定的目标，实现宪法序言所体现的民主精神和国家政策指导原则，计划的制定应以建立社会主义类型的社会为着眼点。在这个社会里，主要的生产资料为社会所有或为社会所控制，生产应逐步发展，财富应公平分配。"①

为实现社会主义目标，尼赫鲁政府在经济政策方面做出了相应的努力。第一个五年计划（1951—1956）实施之际，国大党的经济发展战略还未完全形成，其主要是发展农业生产，增加粮食产量和工业原料产量，改善经济失衡。在第一个五年计划结束之前，尼赫鲁委托马哈拉偌比斯按照全新的经济发展战略编制第二个五年计划，由此提出了以加速工业化来促进经济增长的发展战略，这一战略模式被称为"尼赫鲁-马哈拉偌比斯模式"。第二个五年计划（1956—1961）贯彻了这一经济发展战略模式，优先发展重工业和公营成分，"二五"计划结束时，大部分指标得以实现，但也存在农业发展缓慢，粮食大量依赖进口，农村劳动力大量过剩等问题。印度的贫富差距未能通过这一计划得到缩小，获益的只有一小部分人，多数人仍然处于贫困之中。第三个五年计划（1961—1966）仍然遵循"尼赫鲁-马哈拉偌比斯模式"，依旧以发展工业为重点，但同时提出了大力增加粮食生产以实现粮食自给自足。"三五"计划进一步发展了印度的重工业和基础工业，基本完成了建立完整工业体系的任务，自力更生的目标也得以基本实现，但在农业方面的表现却比"二五"计划期间更为糟糕，多个增产指标均未完成。

"我们不仅努力实现了一场政治革命，不仅正在实现一场经济革命，我们还要同样努力开展一场社会革命。只有这三条战线都取得胜利而合成一个整体，印度人民才能真正进步。"②在恢复和发展经济的同时，尼赫鲁大力推行"世俗化"政策，坚持宗教平等，制定专门的法律以消除种姓压迫、改善妇女地位，尽管其实际作用未能达到预期，但已

① 林承节：《印度史》，人民出版社，2004年，第358页。
② 同上，第372页。

然是印度历史上前所未有的突破。

尼赫鲁在外交政策方面经历了许多曲折波动，总的来说，还是推行"不结盟"政策。尼赫鲁与中国总理周恩来共同倡导的"和平共处五项原则"为确立新型平等国际关系做出了巨大的贡献。

2. 英迪拉·甘地

尼赫鲁逝世之后，国大党选举拉尔·巴哈杜尔·夏斯特里为党团领袖，经总统任命，夏斯特里于 1964 年 6 月 9 日正式继任总理。新政府继续实行尼赫鲁时期的内外政策，同时也对一些问题提出了改变的设想，并付诸实践。但夏斯特里的执政时间非常短暂，1966 年，在完成为结束第二次印巴战争而进行的谈判之后，夏斯特里心脏病发去世。而后，尼赫鲁的女儿英迪拉·甘地接任政府新总理，成为印度历史上第一位女总理。

印度前总理英迪拉·甘地

英迪拉·甘地同样是一位具有争议的总理，其执政生涯大起大落。第一次执政时期，英迪拉实行"绿色革命"，通过增加农业投资、引进现代生物技术来提高农业生产率，促进粮食的生产。通过这一革命，印度农业产能得到大幅提升。此外，为激励民心，得到更多底层人民的支持，她把实现社会公平提到了更高的位置，实行了一系列激进政策，而这些政策受到国大党内辛迪加派的反对，1969 年 12 月，国大党正式分裂成执政派（以英迪拉为首）和组织派（以尼贾林加帕为首）。摆脱了内部干扰之后的英迪拉进一步扩大实施激进政策，受到广大底层人民的支持，成功获得了第五次大选的胜利，继续出任总理。

然而好景不长，在随后的党派斗争中，英迪拉采取了最为强硬的应对手段，直接宣布国家进入紧急状态，对除印度共产党外几乎所有反对派领导人实施逮捕，实行严格的新闻管制，公民言论、集会、游行等自由权利统统被取消。这是印度独立以来第一次由于政局不稳而实行的国内紧急状态，受到了社会舆论的一致质疑和谴责。其结果是国大党在第六次大选中惨败，人民党获授权组阁，联合民主国大党、阿卡利党组成新的政府，英迪拉的第一次执政就此结束。

人民党执政之后，面临激烈的内部斗争，1979 年 7 月，随着德赛的提前辞职，执政仅 2 年 4 个月的人民党政权倒台，8 月 22 日，总统雷迪宣布解散人民院，并于 1979 年 11 月—12 月举行新一届的选举。英迪拉迎来了东山再起的机会，最终在 1980 年 1 月举行的第七届大选中大获全胜，再一次出任总理。第二次执政的英迪拉将党政大权集中在自己手中，实行独裁统治，这使得中央与地方的矛盾进一步被激化，地区动乱不断，其中旁遮普邦的动乱最为严重，并最终导致了著名的“金庙事件”，也是这一事件引发了锡克教狂热分子的报复。1984 年 10 月 31 日，英迪拉被她的锡克教警卫刺杀身亡，结束了 15 年的执政生涯。

3. 拉吉夫·甘地

英迪拉·甘地去世之后，其儿子拉吉夫·甘地被任命为新的总理，于 1984 年 10 月 31 日宣布就职。在随后 12 月的第七届大选中，拉吉夫·甘地也获得了人民的支持，令国大党取得了大选中的历史最好成绩。

拉吉夫·甘地走马上任后的首要任务就是缓解旁遮普和阿萨姆问题。在不到一年的时间内，他通过谈判的方式解决了这两个问题，并及时制定了"反倒戈法"，从根源上封堵了中央与地方关系非正常化。经济方面，拉吉夫·甘地积极实行经济改革，强调以先进科学技术带动经济发展，并指出"在经济增长和社会公平两者关系上，必须把经济增长摆在第一位，在增长中逐渐实现社会公平"①。他还纠正了英迪拉·甘地执政期间对"自力更生"的错误理解，明确指出："自力更生不是自给自足，它意味着发展强大的、独立的民族经济，在平等的条件下，广泛与世界发展贸易往来。"②政治方面，拉吉夫·甘地花了很大的功夫治理政府腐败问题，提高行政效率，成为印度把廉洁政治和整顿党风结合起来的第一人。外交方面，拉吉夫·甘地改变以往的政治外交为主的思路，转而以经济外交为主，也不再偏向苏联，改为全方位外交，在保持与苏联的关系同时，重点发展与美国和西方国家的关系。

　　拉吉夫的出色表现并未能维持到任期最后，从执政第三年开始，拉吉夫的风评急转直下。他的各项改革措施对国大党上层存在诸多不利，因此受到很大的阻碍，停滞不前。前期签署的旁遮普协议得不到真正落实，动乱依旧存在，教派主义也开始在"振兴印度教"的旗号下，发动新的攻势，底层群众也对国大党和拉吉夫逐渐产生失望情绪。在第九届大选中，国大党未能获得超过半数的席位，并主动放弃了联合其他政党共同执政的机会。以人民党为核心的全国阵线联盟政府成立，人民党主席维什瓦纳特·普拉塔普·辛格被推举为总理。

　　之后的印度政权更迭更为频繁，经历了人民党（社会主义者）短期执政、国大党的再次掌权与再次丧失政权、13天的印度人民党政府、两届联合阵线政府、两届全国民主联盟政府，直到后来的团结进步联盟政府。

----

　　①　林承节：《印度史》，人民出版社，2004年，第463页。

　　②　同上，第464页。

附 录　电影推荐及剧情概要

1.《阿克巴大帝》

　　该片主要讲述了阿克巴大帝的传奇一生。阿克巴大帝是印度历史上一位影响深远的人物,他是 16 世纪莫卧儿帝国的第三代君主,在他的统治下,莫卧儿帝国的版图扩张至原来的三倍。身为穆斯林君主,为了表示对印度教徒的尊重,巩固统治,他决定与信奉印度教的拉吉普特族联姻,然而拉吉普特族公主约妲不甘心成为政治联姻的牺牲品,对阿克巴大帝心怀芥蒂。影片在讲述阿克巴大帝与约妲公主之间的爱情故事的同时,也展现了那一时期莫卧儿帝国的兴盛情景。

2.《印度往事》

该片讲述了 1893 年英国殖民时期,一个干旱连连的印度小村庄里的故事。英国军队统领罗素找到村庄中的青年拉凡,提出和他进行板球比赛,他承诺拉凡,如果拉凡赢得比赛,那么他将给村民免税三年,但若输了比赛,村民就要缴纳原来三倍的税。年轻气盛的拉凡接受了挑战,并开始克服重重困难组建球队。影片反映了英国殖民统治下印度普通人民的生活和精神状态。

3.《抗暴英雄》

该片讲述了 1857 年英国殖民时期,一个叫蒙卡·班迪的印度兵团小队长,因为不满当时的东印度公司迫害印度平民且不尊重印度人的宗教信仰,遂带领一连的印度士兵奋起反抗。这场抗暴运动最终失败了,蒙卡·班迪也被判处极刑,但从此鼓舞了更多的印度人反抗殖民统治,争取民族独立。

第三章

发展变革与结构失衡的碰撞——电影中的印度经济

第一节 《上海》与印度经济改革

主讲影片

如果某人制造噪音或抗议 谁在意
誓言已经宣读
这个城市会像上海一样发达
为了印度母亲 为了印度母亲
大声欢呼 印度母亲万岁

《上海》

　　影片故事发生在一座虚构的印度小镇。 由于选举将至，执政党为了拉拢民众给自己投票，便宣称将通过大规模商业开发，使小镇实现"质的飞跃"，成为印度的"上海"。 但这一系列商业开发意味着小镇的中心地段需要进行一次彻底的改造。 然而在改造过程中，执政党为了一己私利，与财团勾结，让他们承包棚户区改造项目并从中赚取高额利润。 为了尽可能多地从改造项目中获利，执政党和财团还雇佣了流氓混混对棚户区进行强拆。

　　在此背景下，身为环境专家的艾哈博士前往实地调查。 他在刚下飞机的时候便对"等候多时"的媒体公开表示： 政府强征土地的做法会使得无数人无家可归。 不仅如此，把人们赶出自己的家园，安置在千里之外，甚至不准其进入这一看似"高档"的地界，只会进一步造成富者越富，穷者越穷的"马太效应"，而不会实现所谓的"上海梦"。 当然，艾哈博士的这番"激烈"言论受到了执政党的敌视。 在晚上的演讲中，艾哈博士的支持者与混混们爆发了大规模肢体冲突。 而艾哈也在演讲结束后惨遭黑手，被卡车碾压成重伤。

悲剧发生后，艾哈妻子及其团队要求查清真相，严惩凶手，而其支持者也在小镇进行了大规模游行示威。 此举导致执政党的支持率大跌。 对此，政府不得不装模作样地展开调查，然后却又毫无疑问地把责任推卸得一干二净，将事故归因于"酒后肇事"。 这一结论使得艾哈的助手芭莎大为光火，她决定亲自调查事情真相。 于是，芭莎开始四处走访，寻找证人。 在此过程中，芭莎及证人遭到了混混们的追杀，几度险些丧命。 与此同时，负责此次案件的检察官也在努力挖掘真相，并最终成功与芭莎等人会合，拿到了相关证据，正式决定起诉此次事件的幕后黑手。

然而，执政党方面却丝毫不为所动，甚至还公开撕毁法院传票。隔日，两派民众在街头爆发了大规模械斗，导致多人伤亡。 面对此情此景，小镇警察在良心谴责下向检察官自首并供出该事件的幕后黑手其实就是首席部长。 于是，检察官亲自登门向部长询问情况。 但部长却以升职作为条件，诱使检察官把所有材料交给调查组进行后续处理。 面对巨大的诱惑和可能出现的死亡威胁，检察官选择了妥协。最终，芭莎等人求助无门，只得仰天长叹。 而在医院昏迷已久的艾哈博士也因病情恶化最终不治身亡。

影片最后，小镇正在朝着所谓的"上海梦"大步前进，而那个肇事的卡车司机则牵头展开了对棚户区的强拆行动。 在导演班纳吉看来，这部电影主要揭示了"上海梦"和亿万印度人民真实生活之间的差距。 他认为，在事关印度发展的问题上，"上海"在某种程度上已经成为大部分政治辩论的"试金石"。

国情背景

一、印度的经济改革

印度独立后一直强调政府计划指导经济的思想和发展模式,直到20世纪80年代末90年代初,受东欧剧变、海湾战争和印度国内政局的影响,印度才开始将经济改革提上议事日程。1991年是特殊的一年。这一年,印度爆发了国际收支危机,政府财政赤字达到国民生产总值的8.5%,外汇储备仅有10亿美元,只够维持三个星期的进口支付。当时刚上台不久的拉奥政府不得不用黄金作抵押,从国际货币基金组织换回了28亿美元的紧急贷款。这次危机也终于促使以拉奥为首的国大党政府痛下决心,进行经济改革。①

1991年至1999年是印度经济改革的第一阶段。该阶段的主要目标之一是促进经济私有化,向以私营经济为主体的经济体制转变。主要措施包括:大幅度减少为公营部门保留的领域,对效益低下的公营企业进行整顿;鼓励私营经济发展,减少对大型私营企业投资的限制,促使以公营部门为主导的混合经济体制向以私营经济为主体的混合经济体制转变。

主要目标之二是促进市场化,向以市场调节为主的宏观管理机制转变。主要措施包括:减少政府对经济的干预,取消工业生产许可证,让公私部门在同一领域竞争;大幅度削减财政赤字;实行税制改革,降低关税,推广增值税制度;推进价格改革,放开相关产品和劳务的价格;实行金融改革,大幅度降低商业银行的流动性比例,促使专业银行商业化;逐渐将卢比变为可兑换货币,推进资本项目开放。

---

① 参见《印度经济改革蹒跚前行 新政策再遭民众冷遇》,https://news.sina.com.cn/w/2005-10-16/01097176878s.shtml.

主要目标之三是推进经济全球化,把印度经济纳入世界经济体系之中。主要措施包括:取消对外国投资的大部分限制,允许外资持有更多的股份甚至完全独资;允许外资向证券等方面投资;大幅度降低进口关税;允许国内进口原材料及资本货物;允许印度公司到国际金融市场融资;允许外国企业购买印度公司的股份,对高技术行业的外国投资实行自动批准制度。

　　1999年至2004年是印度经济改革的第二阶段。这一阶段改革的主要内容包括:进一步推进市场化改革,逐步废止价格管制体制;对劳工市场进行改革;提高企业竞争力,减少为小型工业企业保留的产品种类;通过降息改善财政状况和提高企业竞争力;对外国私人投资进一步开放;放松外汇资本账户管制,鼓励印度公司对外投资;加快交通基础设施建设,推动私营部门经营现代农业,加速技术转让,鼓励农业投资,允许农产品自由流通和期货贸易,使合作社摆脱官僚控制和政治干预等。[1]

　　在上述这些以"自由化、市场化、全球化和私有化"为特色的新经济政策改革驱动下,印度经济在1992年至1996年的年均增长率达到6.6%。虽然从1997年至2002年,印度经济的年均增长率有所下降,但在2002—2007年的"十五"计划期间又回升至7.9%。2007年的增长更是升至9.8%。此后,受国际金融危机的冲击,印度经济增长率又降至7%以下,但从2009年开始又止跌回升至7.9%,并于2010年再次上升到8.5%的水平。从20世纪90年代初期到2010年,印度国民生产总值增加了约3.5倍,其国内生产总值位居世界第10位。而如果按购买力平价计算,当时印度的国内生产总值已经超过德国,仅次于美国、中国和日本。与此同时,印度作为仅次于中国增长最快的经济体,也被国际社会所看好,印度经济的崛起日益成为国际社会的共识。[2]

　　① 参见任佳:《印度经济改革及其评价》,《中国金融》2004年第20期。
　　② 参见文富德:《印度经济改革的成绩与问题》,《南亚研究学刊》2012年第1期。

莫迪总理上任之后，印度又撤销"计划委员会"，代之以"改革印度全国学会"。该学会很快成为改革议程的积极推动者。它在中央与各地之间建立了更加公正的关系。一方面，它为地方提供政策咨询；另一方面，它在制定中央政府政策时积极寻求建议。不仅如此，莫迪还在结构改革方面大刀阔斧地开展了一系列工作，比如放松汽油和柴油价格的管制、进一步开放外国直接投资、提高劳动力市场灵活性，以及推行直接福利转移系统、商品和服务税以及破产清算法等。[①] 莫迪在第二次总理竞选时说，他需要一个新的任期来继续推进他实现一个"新印度"的承诺，让印度崛起为世界经济强国。[②] 然而，国际经济形势的动荡，国内各种问题的积累，特别是在新冠肺炎疫情的严重冲击下，印度经济要想取得长足发展还需要更加持续和有效的经济改革。

二、孟买：印度的上海

孟买在印度的地位，就相当于上海在中国的地位一样，因此很多人都把孟买称为印度的上海。孟买（Mumbai，1995 年 11 月，印度政府将孟买的英文由"Bombay"改为"Mumbai"），印度马哈拉施特拉邦首府，是印度最大的海港和重要交通枢纽，素有印度"西部门户"之称。16 世纪初，古吉拉特邦苏丹将此地割让给葡萄牙殖民者。1661 年又被作为葡萄牙公主的嫁妆转赠给英国，后经不断疏浚和填充，成为半岛，并筑有桥梁和长堤与大陆相连。

孟买是印度纺织业的发源地，还是世界上最大的纺织品出口港之一。孟买也是印度的经济中心和工业基地。孟买的工厂数目占全印度的 15%，纺织工厂占 40%。孟买提供了全印度 10% 的工作岗位，并且在税收方面做出巨大贡献：全印度所得税的 40%，关税的 60%，特

---

① 参见刘丽坤编译：《莫迪经济学：为何印度将走向长期繁荣》，《社会科学报》，2018 年 8 月 15 日

② 参见杜朝平：《莫迪开始新任期，许诺一个"新印度"》，https://baijiahao.baidu.com/s?id=1635403552721610341&wfr=spider&for=pc.

许权税的 20% 皆由孟买贡献。孟买是印度最大的棉纺织中心，这里的纱锭和织机数量均占全国 30% 以上。另外，毛纺、皮革、化工、制药、机械、食品、电影等产业也均占有一定比重。①

特别值得一提的是，孟买的金融产业在印度举足轻重。孟买集中了印度全国 40% 的对外贸易额、50% 的现金流、60% 的物流、92% 的股票交易。在一些印度专家看来，孟买是一些大型国内外工业企业和金融机构的总部，这座城市拥有世界上最古老的股票交易所和一个大宗商品市场，还有一个巨大的港口，而且位于东西方时区之间，地理位置也非常完美，因此孟买很适合打造全球金融中心，并超越香港和新加坡。2007年，根据万事达国际组织公布的一项全球城市金融状况调查及全球十大金融城市排行榜，亚洲城市在排行榜中占据三席，印度孟买更是得益于其巨大的股票交易量和金融服务业的良好表现首次进入榜单。但是，与现有的金融中心相比，孟买的差距也十分明显。在商业环境、基础设施和企业管理三个方面，孟买仍有很长的路要走。根据经济学人智库在 2019 年发布的全球宜居指数，孟买在 140 个城市中排名第 119 位，医疗保健、基础设施、教育、文化和环境等各类指标均排名倒数。②

孟买有它的两面，一面是富人的天堂，一面是穷人的地狱，两者仅有一墙之隔。除了最精英的人才、数不清的富翁、无数的豪华商场和豪宅，还有就是众多穷人和近 2 000 个大大小小的贫民窟。其中就有亚洲最大的贫民窟——达拉维。在这个近 2 平方公里的区域，住着大约 100 万人。这里到处都是棚户板房、泥泞小巷，令人望而却步。

生活在达拉维，最不方便的是用水。妇女们经常在臭水沟里洗衣服，喝水要到很远的地方去购买。家境好一些的安装了水龙头，但因为水资源少，必须限时限量供应。缺水导致达拉维卫生状况极差，严

---

① 参见中华人民共和国驻孟买总领事馆经济商务网："孟买简况"，http://bombay.mofcom.gov.cn/article/ddgk/201507/20150701039362.shtml.

② 参见《印度专家表示孟买将打造成全球金融中心，超越香港和新加坡》，http://k.sina.com.cn/article_7132863516_1a926dc1c00100p8gw.html.

重威胁居民健康。一些政客与黑社会控制达拉维水电供应，使达拉维成为政客们的选举票仓。而极具讽刺意味的是，孟买贫民窟的不远处就是林立的高楼大厦。驱车半个小时，就是印度首富的豪宅——一座价值20亿美金的摩天公寓。而不远处贫民窟里的工人们，每天的报酬不足10美元，他们要工作三到四年，不吃不喝才能买得起这里的一平方米。

印度商业中心孟买

然而，一个有趣的现象是，如此不堪的达拉维，却是孟买的经济红利。达拉维位于印度孟买的市中心，也是经济中心，狭小的区域有1.5万家企业，为孟买贡献大量GDP和就业机会。印度的酒店用品，基本都在达拉维清洗，而且不用机器。孟买贡献了印度40%的对外贸易，很大程度上是由达拉维的低廉人力所支撑。这里也偶尔有能够走出贫民窟的人。比如印度著名的说唱组合Naezy & Divine，就是两个从孟买贫民窟走出的男孩。当然，以印度农村的标准来看，达拉维不算特别贫穷，而且这里和印度的其他贫民窟一样，正在逐渐改变。印度政府目前正在监督达拉维社区的重建计划，这将带来新的房屋和环境规划，起码可改善此地居民恶劣的居住环境。[1]

---

① 参见《世界最大贫民窟，住着这个国家最勤劳的人》，https://new.qq.com/omn/20201125/20201125A02FCZ00.html.

第二节　《厕所英雄》与印度基础设施建设

主讲影片

《厕所英雄》

影片始于男主角格沙夫因为家族迷信而与一头牛结婚。 随后，男主角在火车上遇见了漂亮的女主角佳娅。 格沙夫生活在乡下，以卖自行车为生，而佳娅生活在城里，受过高等教育。 佳娅不同于乡下女人的见识和气质深深地吸引了格沙夫。 格沙夫随即对佳娅展开猛烈追求，最终两人走向了婚姻的殿堂。

婚后第二天一早，佳娅就被"尿壶会"的妇女叫醒，而此时佳娅才知道乡下是没有厕所的。 妇女要在清晨集中到野外方便。 这对于生长在城里且受过高等教育的佳娅来说既难以置信，也难以接受。 而"尿壶会"的妇女则认为佳娅是在城里养尊处优惯了，对其嗤之以鼻。 佳娅和格沙夫因为厕所问题开始争吵。 格沙夫为妻子想了很多办法来解决厕所问题，比如让妻子偷偷去外婆家上厕所、自己陪妻子去野外方便、去火车上蹭厕所等。 这些办法虽然能解决佳娅一时的需求，但并没有从根本上解决厕所问题。 有一次，佳娅在火车上蹭厕所时没能及时下车，就只能跟随火车回到了城里。 佳娅认为格沙夫的权宜之计让自己上厕所都要偷偷摸摸，而"尿壶会"的妇女们更没有意识到自身所处的不公平处境，反而嘲讽佳娅的行为。 这使得佳娅下定决心开展厕所斗争。

为了挽回自己的妻子，格沙夫继续想办法为妻子修建厕所。 他甚至去偷移动厕所，也因此被抓进了警察局。 佳娅对于格沙夫的行为非常气愤，认为他只会想一些权宜之计来解决眼前问题，而根本没有意识到厕所问题背后存在的对女性的歧视。 佳娅对格沙夫提出离婚，而这也让格沙夫下定决心与佳娅一起为女性正常如厕的权益作斗争。 随后，格沙夫向村委会提出修建厕所的提议，但是因为违背了世代流传下来的传统而受到全体村民的否决。 于是，格沙夫寻求通过政府途径解决问题。 也是直到此时，格沙夫才知道乡下并不是没有厕所，而是修建的厕所被村民占用从事其他活动，重新修建厕所则需要长达一年的审批程序。 无奈，格沙夫只能在家中修建厕所。　但厕所修建好的第二天就被老爸带人给砸掉了。

有鉴于此，佳娅决定正式离婚。　而此举也在村子里面甚至整个印度炸开了锅。　各大媒体和电视台争相报道，村中的妇女也逐渐意识到自身的如厕权益，要求政府修建厕所。　佳娅和格沙夫决定以此舆情向政府施压。　而格沙夫的奶奶不慎滑倒，不得不使用家中厕所如厕，也让格沙夫的老爸做出了妥协和反思。

影片最后，因为格沙夫和佳娅离婚事件的持续发酵，政府不得不采取措施加快在乡下修建厕所的审批进程，同时法院也驳回了男女主角因为厕所问题的离婚申请。　格沙夫和佳娅最终赢得了这场厕所革命的胜利！

国情背景

一、清洁印度运动

在印度几乎所有的村镇，每天清晨都能看到人们到户外"解手"的场景。有资料显示，印度全国有 70% 的人居住在农村，而在农村里，至少有 70% 以上的人每天在户外排泄。据粗略估计，印度人一年在户外排泄出的粪便多达 20 多万吨。大多数印度人对此已习以为常，他们认为这是"亲近自然"的表现。然而，这种"传统"不仅对人健康有害，而且还会污染环境。有报道称，在印度农村流行的传染病中，仅腹泻一种，1999 年就夺走了 70 多万人的生命，即平均每天有 1 600 多人死于腹泻，其中 5 岁以下的儿童比例最高。当然，这也与印度公共厕所的数量有限密切相关。根据当地官方的统计数据，孟买的贫民窟中，所有人都是在公共厕所中方便，平均每 81 个人共用一个厕所。有些地方由于贫困人口激增，甚至有每 273 个人共用一个厕所的现象。条件最好的地方也不过 58 个人共用一个厕所。①

为了革除这一陋习，印度政府从 1999 年开始实施了一项家庭厕所计划，该计划的近期目标是将家庭厕所普及全国 580 个农村地区中的 452 个，远期目标是争取到 2010 年，实现每个农村家庭都有自己的厕所。为此，印度中央政府从 2003 年开始，决定加大对农村修建厕所的财政援助，规定中央政府承担 60% 的厕所修建费用，邦政府承担 20% 的费用，剩下 20% 的费用则由各个家庭通过贷款获得。此外，印度政府还推出了"洁净村庄奖"，对厕所修得好、污水处理得好的村民委员会奖励 20 万到 40 万卢比。对以上工作做得好的街区则奖励 100 万到 200 万卢比，对最好的行政区奖励 300 万到 500 万卢比。②

2014 年 10 月 2 日，在印度圣雄甘地诞辰 145 周年的纪念日，印度总理莫迪亲自拿起扫帚，走进新德里一个居民区。这天，印度政府发起了一场全国大清扫运动，公务员们纷纷动手打扫厕所。"清洁印度"运动也在这一天正式启动，而它的一个重要目标就是消除随地大小便现象。尽管印度的家庭厕所计划已推行多年，然而当时一家印度统计机构的抽样调查却仍然显示，1 300 多万人口的首都新德里只有 6 000 多个公共厕所，45% 的家庭没有现代化排污系统。为支持"清洁印度"运动，世界银行向印度发放了 15 亿美元贷款，印度政府也为自建厕所的家庭补贴 75% 的建造成本。据"清洁印度"运动官方网站数据显示，自 2014 年 10 月以来，"清洁印度"运动共约投入 2 200 亿至 2 600 亿卢比（约合 218 亿～260 亿元人民币）的开支。③

除了修建厕所外，"清洁印度"运动还需要解决大量城市垃圾处理的问题。印度目前每年所产生的城市垃圾大约 6 800 万吨，随着 GDP 增长，每年的垃圾数量还会逐渐增加，而印度处理垃圾的能力有限，大

---

① 参见《印度以大地为厕所随地大小便，影响国际形象（组图）》，http://roll.sohu.com/20111203/n327787551.shtml.

② 参见《印度为普及厕所犯难》，《世界新闻报》2005 年 8 月 15 日。

③ 参见《"清洁印度"运动 5 年建上亿厕所》，《广州日报》2019 年 8 月 13 日。

量垃圾收集起来后实际依旧被堆放在城市里。此外,建造下水道和垃圾处理设施也是相当棘手的问题。目前大约49%的印度人生活在没有下水管道的房子中,其中农村家庭只有31.7%能够使用改善的下水道设施,只有32%有适当的垃圾处理设施。在城市里有83.5%的家庭用改进的下水道设施,75.8%能够使用垃圾处理设施。除了垃圾,下水道污染是在印度引发各种疾病的第五大来源。①

2017年,世界银行下属机构做了一个印度农村卫生调查。该调查覆盖全印6 136个村庄的92 040座房屋。调查显示,70%很少发现垃圾堆积和下水道堵塞现象,这些村庄93.4%的人能经常性用上厕所。印度饮用水与卫生部网站最新数据显示,自从2014年10月发起"清洁印度"运动以来,截至2017年3月29日,已有3亿人不用露天如厕,印度农村地区已经修建了6 623万个厕所。2014年10月,带厕所的农村房屋占房屋总数的38%,2018年是79.98%。实际上,2017年印度共建设了82万个农村公共厕所,提供了42万个供水设施。已有296个地区的30余万个村庄免除露天如厕,8个邦的两个联邦直辖区宣布为免除露天如厕邦。2018年,印度又为"清洁印度"运动拨款1 784.3亿卢比,这是四年来首次拨款下降,但政府计划修建1 880万个户式厕所,把露天如厕率从20%降至10%。②

然而正如专家所指出的:"要改变印度广大农村不用厕所的习惯还有很大困难,而要解决这个问题的最好方法便是普及教育。"③所以在斥巨资的同时,印度还需加强对农民的教育,帮助他们破除家中不能有厕所的迷信思想,而这在现实中也在慢慢改变。

二、印度基础设施建设整体状况

第一,公路。印度拥有广大的公路网络,其总长330万公里,位

---

① 参见唐璐:《莫迪治国从"讲卫生"开始》,《国际先驱导报》2014年10月17日。

② 参见《"清洁印度"运动仍有待观念变革》,《人民日报》2018年4月5日。

③ 参见江边:《印度政府帮农民家家建厕所》,《农村工作通讯》2005年第5期。

居世界第二位。其中，国家级公路总长为 65 569 公里。公路在印度承担了 61% 的货运量和 85% 的客运量。印度政府非常重视公路的发展，将公路的发展与国家经济的发展联系起来。印度政府还先后开展了七个阶段的国家级公路发展计划，并加速发展东北部的公路网。

第二，铁路。印度的铁路网总长达 63 221 公里，是世界最大的铁路网络之一。"十一五"时期，印度计划建成新铁路线 500 公里，另外实现 1 800 公里旧铁路线的规格转化，建成复线 700 公里。此外，印度还将在"十一五"计划结束时，使货运量达到 1 100 亿吨，客运量达到 84 亿人次，同时计划建设时速 300 公里以上的高速铁路，并在金奈、加尔各答、孟买开通郊外空调列车。

第三，港口。印度拥有 12 个主要港口和 187 个小港口。其中，主要港口处理货物量达到货物总量的 75%。印度出口价值 70%、数量 95% 的货物是通过海运实现的。印度为了大力提高港口运力，投资了 276 个港口项目，总投资额达 214 亿美元，涉及港口开发海床、加深海道、建造港陆连接设施、更新和改进货物处理设备等。印度在南部的科钦港还建有国际货物转运集装箱集散场，另外还有铁矿石、煤炭和化学物品处理场等。

第四，机场。印度现有 127 个机场，其中 13 个国际机场，7 个海关机场，80 个国内机场。印度机场客运量曾以每年 15% 的速度增长，货运量的增长速度也超过 20%。在现有机场的扩建和新机场的建设上，印度政府投资高达 2 000 亿卢比。新机场主要位于风景名胜和发展中的大城市，如班加罗尔、海德拉巴、果阿、普钠、NAVI（新孟买）、孟买等。

第五，能源。印度的发电总量为 5 900 亿千瓦/小时，位列世界第五大发电量国家。电网布线达 570 万公里，位居世界第三。火力发电量占总发电量 57%，水力发电占 25%，油气占 10%，核能占 3%，再生能源占 5%。①

实际上,印度基础设施的供需失衡问题一直都比较突出。在能源领域,尽管至 2010 年印度的发电装机总容量已达 1.35 亿千瓦左右,比 1997 年提高了 58%,比 2002 年提高了 29%,但仍远远不足以满足需求,每年的电力缺口高达 8.9%,在农村还有 70% 的地区用不上电。根据印度基础设施发展金融公司提供的数据,在电力负荷高峰期时,供需缺口达到了 15%,直接影响至少 1.5 亿人。

在交通运输领域,也同样存在着供需在数量和质量方面的失衡。如在公路设施方面,印度不但交通拥堵现象严重,而且道路的等级也偏低,只有 2% 的公路属于国家级高速公路,4% 属于邦级高速公路。印度在铁路方面的维护和扩张投资也一直不足。在民航运输方面,按客运量排名,没有一家印度机场进入 2006 年世界 50 大机场行列。在海运贸易方面,尽管印度的外贸量保持连续增长,但印度多数港口的商品吞吐量几乎没有增长。

在公共供水系统和污水处理设施等方面,世界银行研究指出,由于相关监管部门资金短缺,造成印度水务基础设施的维修和更新投入不足,使得水资源使用费非常低廉甚至不需要支付任何费用,而这又反过来制约相关部门的资金投入,由此形成印度公共供水体系的恶性循环。水供应不但难以得到保障,而且水质也不断下降。在目前居住在城镇地区的约 1.1 亿印度人中,有超过 8 000 万的贫困线以下的城镇居民很少或根本没有获得如供水和卫生设施等最基本的基础设施服务。

针对上述问题,印度中央政府和各邦政府也推出了一系列政策。如 2006 年组建了印度基础设施金融有限公司,负责向道路、港口、能源和电信等基础设施项目提供长期性的金融支持;利用适应性补偿融

---

① 参见蒋岚:《印度的基础设施发展现状调查》,《建设机械技术与管理》2007 年第 5 期。以上数据均截至 2007 年。

资,满足参与公共基础设施项目建设中的私人投资者的融资需要;大幅减少甚至取消过去对外资和私人的投资限制,并在基础设施和项目审批的监管法规方面进行了重大改革;不断放宽电信、公路和机场等领域的外资最高比例限制;在基础设施和公共服务领域引入了公私合作制等。总的来看,通过印度政府采取的上述措施和其他政策,基础设施的投资规模正在逐步扩大,一些重大项目取得进展,印度经济增长的前景有望更加光明。①

---

① 参见张立、王学人:《印度基础设施发展的问题、措施与成效》,《南亚研究季刊》2010年第 4 期。

第三节　《自杀现场直播》与
印度农业发展

主讲影片

《自杀现场直播》

弟弟纳塔和哥哥布迪亚两兄弟是资深农民，生活在印度一个名叫霹雳的村庄。 为了给母亲治病，二人将土地抵押给银行获取贷款，然而他们无力偿还，土地也将被银行拍卖。 万般无奈之下，兄弟俩找到了当地有权有势的人物塔库尔，请求他的帮助，却遭到无情的拒绝。 但塔库尔的人告诉兄弟俩，政府在南印度采取了新政策，因债务自杀的农民可以得到十万卢比的补偿。

回家后，哥哥前去打听因自杀获得补偿的政策是否属实，并得到了确切的答案。 于是，兄弟俩经过一番商量，决定由弟弟纳塔来自杀。 另一方面，省长选举正在进行中。 一位当地记者被派去进行采访，却无意中得知了纳塔要自杀的事，于是便在自家报纸上进行了报道。 但麻烦也随之而来，上级对此十分不满。 而此前出主意的塔库尔也将兄弟俩抓来暴打一顿，并让他俩不要再提自杀的事情。

后来，电视台知名主持人得知了纳塔要自杀的事，也前来采访。 因为自杀会对选情产生重大影响，所以众多媒体蜂拥而至，想抢得独家报道，赢得最佳收视率。 他们将村子围得水泄不通，对纳塔一家和村民们进行了事无巨细的采访，并借此抨击政府。

此时，省长的竞争对手——低种姓的领袖也来拜访纳塔，肯定了他要自杀的行为。 该事件持续发酵，省长下令派出警察，不许任何人接近纳塔。 但媒体已经在村子中安营扎寨，继续报道，商贩也纷至沓来，村庄一时间变得热闹无比。 没过几天，省长和低种姓领袖达成共识，一道来到纳塔家中，宣布将赠与纳塔一家十万卢比，并向记者保证他不会自杀。 但此举遭到了另一位选举竞争对手的强烈批评，随后选举委员会也取消了此前承诺的赠与。 纳塔仍然面临着自杀与否的折磨，他成为了竞选的一枚棋子。

某天清晨，纳塔消失在如厕途中。 随后，政客们开始相互指责，民众也走上街头进行抗议。 终于在一天晚上，一位记者发现了纳塔。 原来他被塔库尔的人关在了仓库里。 记者们再次涌来，但就在此时发生了意外。 塔库尔的手下在点灯时引发了爆炸，之后一具烧焦的尸体从仓库中被抬出。 媒体报道了纳塔的死讯,自杀事件也至此告一段落。 记者和商贩们纷纷离去,村子里面一片狼藉。 而由于纳塔死于意外爆炸,自然也就没有得到十万卢比的补偿。 一场闹剧过后,一切仿佛都没有改变。 影片最后,一位灰头土脸的农民工坐在城市的工地上。 这个人正是纳塔,他并没有死。

国情背景

一、印度的农业危机

影片中曾有这样一个情节,一位国家电视台的主持人在节目报道中说:"我国每 8 个小时就有一个农民自杀,自 1998 年以来已有 17 万人自杀。"事实上,从 20 世纪 90 年代末开始,关于印度农民自杀的报道和调查研究就开始逐渐增多。印度的官方数据显示,自 1995 年至 2014 年,19 年间印度全国自杀农民已超过 29 万人,几乎是每 30 分钟就有一人自杀。2004 年,农民自杀人数更是达创纪录的 18 241 人。[①]

印度农民自杀呈现南多北少,男多女少的特征。在农民自杀的案例中,85% 是男性。印度农民自杀情况最为严重的地区包括马哈拉施特拉邦、安得拉邦、喀拉拉邦、中央邦和切蒂斯格尔邦,这五个邦被称为印度农民自杀的"BIG5"——"自杀五大邦"。1997 年至 2002 年,上述五邦有 55 769 名农民自杀;2003 年到 2008 年,上升为 67 054 人,平均年增 1 900 人。五大邦中,马哈拉施特拉邦问题最严重,2008 年农民自杀人数高达 3 802 人;1997 年以来,该邦农民自杀人数高达 41 404 人,占全国的五分之一强;1997 年至 2002 年,这个邦平均每天有 8 名农民自杀;2003 年至 2008 年间,平均每天自杀人

---

① 参见《19 年来印度 29 万农民自杀》,《广州日报》2014 年 2 月 25 日。

数上升为 11 人。自 2003 年以来，印度大约每半个小时就有一位农民自杀身亡。

关于印度农民自杀的原因众说纷纭。一种说法是，印度目前正步入工业化阶段，政府和社会重视城市和工业，忽视农村和农民；另一种说法是，近些年来，农药在农村开始广泛使用，但政府和社会却没有提供有效指导，使农民误用农药，结果自杀人数上升；再一种说法是，印度正经历剧烈的社会变革，农民对此不知所措，无力应对，只好走上了不归路。还有一种分析认为，西方国家对其现代化农业大量实施出口补贴，导致印度棉花在国际市场上完全没有竞争力。其实，导致印度农民自杀的直接原因还是来自经济方面的压力，主要就是负债过重。数据显示，印度自杀农民 90% 都有一定规模的负债，30%到 40% 都明确面临讨债压力。印度农民几乎没有积蓄，一旦遇到灾年农产品减产，几乎没有能力还款。[①]

值得注意的是，1997 年至 2010 年 13 年间，约有 20 万农民自杀，其中包括种植转基因棉花的 12.5 万名棉农。而引进转基因棉花——种子涨价——棉农贷款——歉收——无法偿还——银行不再贷款——棉农借高利贷——无法偿还——倾家荡产——最后自杀，这个令人悲伤的链条展现出印度农民自杀的大体过程。

正如影片结尾时所显示的那样，"从 1991 年到 2001 年，800 万农民放弃了农业"。在印度农民看来，农业没有前途。不仅受过中学教育的农民子弟不希望从事农业生产，而且 45% 的印度农民都不希望如此。然而，印度工业并未有效吸纳多余的农村劳动力。这些人虽然来到了城市，但是很快便加入了城市贫民的行列。与此同时，因为农业人口的不断减少，印度的粮食又开始供不应求，导致食品通货膨胀，印度的粮食安全问题面临更大的挑战。[②]

---

① 参见余大游：《印度农民自杀成风》，https://news.sina.com.cn/w/2010-01-28/011717004052s.shtml.

② 参见吴晓黎：《农民自杀与印度农业危机》，《社会观察》2011 年第 7 期。

为了保证粮食安全,印度政府积极探索了一些走出困境的方法和措施。比如,印度发展委员会曾于 2007 年 5 月 29 日启动了国家粮食安全计划。该计划包括水稻、小麦和豆类三个部分,指标是到"十一五计划"结束时(2012 年),水稻增产 1 000 万吨,小麦增产 800 万吨,豆类增产 200 万吨。为了实现指标,计划采取的战略包括:以下达任务的方式进行贯彻落实;推广和传播改良技术;严密监视资金流向,确保及时到达目标受益人;每个县区的目标都要确定;执行机构要根据既定目标不断监督和评价各项措施的效果。

又如,印度政府制定了绿色革命路线图,大力发展农业科技,加强农业高新技术基础设施建设,开发适应不同气候条件的技术,培育优质种子,提高农作物产量,提高作物抗病虫害能力,改善营养品质,大力发展农业生物技术,加强信息技术在农业领域的应用与服务。再如,印度政府 2010 年财政预算案中为了实现促进包容性增长、提高农民收入、保证粮食安全的目标,突出要抓四个战略环节:增加农业生产;减少粮食浪费;给予农民信贷支持;大力推进食品加工。[①]

二、印度农村的反贫困治理

印度农村的反贫困治理始于尼赫鲁时期,改革的核心是农村土地问题,政府废除"中间人"柴明达尔制度,并以补偿金的形式购买大地主手中土地,将其分配给实际耕作者。1966 年,英迪拉·甘地执政后,印度开始绿色革命,发展"技术农业"。政府向贫困农民提供信贷等来解决农村发展的资金问题,并同时实行"农业精耕县计划"和"农业精耕地区计划"。到 1978 年为止,印度政府基本保证了国内粮食自给。1979 年后,印度政府大规模推行农村综合发展计划,以期达到社会公平。同时开始有针对性地实行扶贫开发项目,包括农业劳工计划

---

① 《看印度如何确保粮食安全》,http://seed.aweb.com.cn/2011/0125/093232720.shtml.

和小农发展计划等,为受益人提供生产资料、给予贷款优惠、提供就业机会等。

1991 年,拉奥政府上台后,印度继续推行反贫困战略和措施,侧重点是利用外国投资和技术,满足经济发展和扶贫的需要。之后的瓦杰帕伊和古杰拉尔政府都对印度农业政策有所调整,取消了对农产品贸易的限制,利用价格机制刺激农产品生产,促使农业产业结构调整。后来,印度政府又通过开展"国家乡村就业计划"和"农村无地人口就业保证计划"来解决农村无地农民就业问题,尤其是辛格执政的十年,印度更是花了 3 200 亿美元加大了对公路、铁路、供水灌溉等农村基础设施建设的投入。

2014 年,莫迪任总理后,继续实施了一系列反贫困措施。比如,2014 年发起"厕所运动";2015 年提出"数字印度"倡议;2016 年发起"印度创业"计划等。[1] 据布鲁金斯研究院的研究数据,每分钟大约有 44 个印度人摆脱极度贫困,印度已经成为世界上减贫速度最快的国家之一。该研究还称,截至 2018 年,印度终于摆脱了贫困人口第一大国的头衔。到 2022 年,仅有不到 3%的印度人处于贫困状态,而到了 2030 年,印度的极端贫困状况可能会完全消除。[2]

2021 年,新冠肺炎疫情的突发导致印度贫困人口的数量可能出现反弹,大批返乡农民工将进一步加剧农村地区的疫情扩散和因疫返贫的情况。为减轻贫困人口在疫情期间的生活负担,印度财政部长尼尔马拉·西塔拉曼宣布了价值 1.7 万亿卢比(约 200 亿美元)的经济救助计划,主要针对农民和日结工等贫困人口,包括现金救助和食品补给。此后又出台了新的救助计划,在原先每人发 5 千克救助粮的基础上,再向每人发放 5 千克大米或小麦。同时每户家庭还会获得 1 千克的豆子。这些救济食品价值 4 500 亿卢比,覆盖 8 亿贫困人口。此外,政

---

① 参见李熠煜:《印度农村的反贫困治理》,《学习时报》2018 年 6 月 4 日。

② 参见《研究称:印度不再是贫困人口最多的国家》,http://www.santaihu.com/45402.html.

府还将通过 DBT 计划(Direct Benefit Transfer,补助金发放计划),在 3 个月内,将每人 1 000 卢比的补助分两次发放到 3 000 万孤寡老人和残疾人的银行账户中;通过 PM Kisan 计划(农民补助计划)为每位农民发放 2 000 卢比补助,这将使 8 690 万农民即刻受益。①

---

① 参见《印度新冠救助计划:每人每月 5 公斤粮食,给 8690 万农民发补助金》,https://m.thepaper.cn/baijiahao_6720347.

第四节 《魔医联盟》与印度医疗行业

主讲影片

《魔医联盟》

影片一开始，电视新闻报道称，在泰米尔纳德邦，连续发生了神秘的医师谋杀案。救护车司机、一间医院的经理和心脏专家，以及医院附近一家药局的药剂师遭到神秘歹徒绑架。这起案件的背景是一个叫小普的女孩出了车祸。但在送医过程中，救护车司机却在商议抽成问题，结果把她送到很远的私立医院。医院的医生在拿了女孩父母倾家荡产凑齐的 60 万卢比之后，只是伪造了做手术的伤口，最终将一具尸体交还给了家属。而女孩的母亲也因为接受不了这一残酷的事实选择了自杀。于是，魔术师韦特里策划了对该事件负责的四个医师的绑架谋杀。

画面一转，本剧的另一位男主角马兰医生在国外获得了人道主义奖。他说他的梦想是让世界上每一个人都获得免费医疗。在颁奖典礼现场，印度医院联盟的营运副总裁阿金对马兰说，希望马兰可以凭借这种高尚的形象加入他的医院来赚钱，并用马兰的行医资格来威胁他，但是马兰却反击说自己可以毁了阿金，让他生不如死。马兰回国后受到了人们的热烈欢迎。他被卫生部长提名进入政界，并在《高尚人物》访谈中结识了塔拉。在访谈中，他再次重申了自己的梦想，那就是希望每一个人都能得到免费的医疗援助。

事实上，韦特里和马兰是一对孪生兄弟。他们的父母历经千辛万苦为当地民众建造了一所福利医院。当时，一个叫丹尼尔的人虽然在表面上支持这对夫妇的善举，但实则希望借助他们来谋利。母亲雅许在生第二个孩子的时候，原本可以正常顺产，但丹尼尔为了获利要求对她进行剖腹产，结果导致雅许麻醉过量而死，孩子也差点送命。丈夫前来质问，结果也惨遭毒手。而那个麻醉师就是阿金。为了给父母报仇，韦特里想方设法接近阿金的秘书，并怂恿她带阿金去看一场魔术表演。在魔术互动环节中，韦特里借助死亡之箱的表演成功杀掉了阿金。

对此，丹尼尔恼羞成怒，误将马兰当成了韦特里进行报复。在关键时刻，韦特里救下了马兰。马兰知道自己的身世后，决定与韦特里一起惩罚仇人，清除医疗系统内的恶棍。最终，兄弟二人联手将丹尼尔制服，把他关进特质的铁笼子，吊在医院外面的塔吊上，通过一个五块钱硬币启动开关，用强劲的电流结束了他罪恶的一生。兄弟俩说，善有善报，但作恶会受到加倍惩罚。这部电影的主题十分明确，那就是医学应该为所有人服务，而不是成为最好的赚钱生意。

国情背景

一、印度的医疗体制

早在 1949 年，印度就在第一部宪法中明确规定："所有国民都享受免费医疗。"据统计，印度全国现有 1.2 万所医院，2 000 多个社区医疗中心，2.2 万个初级医疗中心，2.7 万个诊所，满足了大多数国民的基本卫生保健需求。印度的公共医疗体系由国家级医院、邦级医院、地区级医院、县级医院和乡级医院构成。在全国范围，政府向一级到三级医疗网免费提供公共资金和管理，保证全民的基本医疗和预防保健服务，这耗费了印度总卫生支出的 18% 和 GDP 的 0.9%。印度公共部门医疗保健服务的主要责任由地方、州(邦)和中央政府来承担，其中，地方和州(邦)政府承担费用支出的四分之三，中央政府则负担其余的四分之一。印度的私人医疗机构主要是作为一个独立的从业者而发挥其作用的，水平和质量参差不齐，其中一些私立医院的医疗水平很高，收费水平却普遍较低(仅为欧美的十分之一)，加上印度医生一向在国际医学界享有较好的声誉，因此也吸引了一部分国民和外国人前来治疗。

印度医疗体制的主要特点包括：第一，医疗体制的公平性较高。21 世纪初，世界卫生组织发布的《世界卫生报告》曾经对其成员国卫生状况评估结果进行排序，就卫生筹资与分配的公平性而言，印度居第

43位。在印度,贫困人群和弱势群体是政府卫生补贴与社会保障的主要受益者,这也是体现印度医疗体制公平性的本质所在。印度在大力鼓励私立医院发展的同时,要求公立医院、农村三级医疗网和国民健康计划等必须对国民尤其是弱势人群的医疗保障负责。

第二,重视农村医疗,形成了比较完善的农村三级医疗网络体系。印度政府在基础医疗方面实行全民免费政策,特别是对占人口总数29%、大约2.9亿之多的贫困人口提供低水平的救助和免费医疗,这部分人主要由公立医院来负责。印度农村的三级医疗网络体系包括保健站、初级保健中心和社区保健中心三个部分,它们都免费为公众提供医疗服务。

第三,覆盖面广、水平较低的免费医疗体制和有限的医疗保险相结合。印度的免费医疗服务主要是一些基础的公共卫生服务、卫生防疫等,目标是满足大多数人的基本医疗需求。在印度的医疗保险市场构成中,社会强制性保险约占3%,雇主保险占2.8%~4.7%,自愿(商业)保险占1%,非政府组织或团体保险基金占2.8%~4.7%,其余90%的人没有医疗保险,但是他们都可以享受免费医疗。如果不愿意去政府医院享受免费医疗,可以去其他私人医疗机构,但费用需要自己负担。

第四,印度的私人医疗机构发展趋势良好。印度的私人医疗机构是门诊和住院治疗的主要场所。各种私立医院竞相发展,为不同层次需求的人群提供相应的医疗服务,其就医条件比公立医院好得多,并且拥有很多高水平的医务人员。近些年,私人医疗机构数量已经占到印度医疗机构总数量的93%,私人医疗机构的病床数量占印度病床总数的64%,私人医疗机构的医生数量占印度医生总数的80%~85%。大部分私人医疗部门都是营利性机构,但政府要求私立医院必须担负一定的社会责任,为贫穷患者适度减免费用。

第五,建立了形式多样的医疗保险项目。在印度,除了两个政府性社会保险计划——为正规组织部门员工提供保险的"国家雇员医疗保险计划"和为中央政府雇员提供保险的"中央政府医疗保险计划"外,非正规经济部门还推出了三种医疗保险,即农产品加工企业组织合同农户向保险公司集体投保、非政府组织为成员设计保险项目集体向保险公司投保、非正规经济产业工会的健康福利项目。这些保险项目主要针对的是发病率较低、但医疗费用较高的大病风险。社区和社团集体投保,一方面降低了保险公司的交易成本,使非正规就业者获得了正规保险服务;另一方面,由于和保险公司挂钩,从而强化了单个社区和社团的风险分散能力。①

二、印度的医疗特色

(一)传统医学

印度传统医学大致由四类组成:阿育吠陀医学(Ayurveda)、悉达医学(Siddha)、尤纳尼医学(Unani)以及瑜伽(Yoga)。起源于希腊的尤纳尼医学主要强调帮助人体发展自愈能力,并以此来克服机体的失调状态;有着 5 000 多年历史的瑜伽是一项主张身体和心灵相结合的精神练习;而悉达医学是人类历史上最古老的传统医学之一,只不过它主要使用药物调节,且药物中含有大量如硫磺、汞、砷等矿物药之类的有毒物质以及植物毒素等。其中,阿育吠陀更多关注的是人的特性,而非疾病本身。

阿育吠陀医学(也称"寿命吠陀"或"生命吠陀")是印度教及佛教的传统医学,有"长生之术"之意,它以拥有世界上最古老的、有记载的综合医学体系而著称。阿育吠陀不仅仅是一门医学体系,它还代表着一种健康的生活方式。在其治疗体系中,人体被认为是自然不可分割的一部分,当身体与自然产生不调和的状况时,各项机能便会受到阻碍,进而导致疾病的产生。因此,根据阿育吠陀医学的观点,身体内的

---

① 参见王云鹏、时建伟:《印度医疗体制的主要特色及其对我国的借鉴意义》,《长春教育学院学报》2009 年第 1 期。

各个部分是否相互平衡是健康与否的关键所在。

阿育吠陀认为，地球和宇宙中的万物都是由空（akasha）、风（vayu）、火（tejas）、水（apa）、土（prithivi）五种基本元素组成，人体也不例外，只是各人比例不尽相同。这五大元素对其他元素有着重大影响，同时它们还组成了阿育吠陀的三种主要"督夏"（Dosha），即身心类型，也有"能量"的意思，分别是瓦塔（Vata）、皮塔（Pitta）和卡法（Kapha）。当三种督夏（能量）处于平衡状态时，身心便会得到提升，反之则身心失调。而人体内还有三种体液（气、胆汁、黏液）和七种基本组织（血液、原生质、肌肉、脂肪、骨、骨髓和精液），此外还有身体产生的其他废弃物。这些都对保持和促进健康以及预防、治疗疾病有着至关重要的影响。①

印度政府对阿育吠陀医学相当重视，一直致力于发挥其在该国卫生保健方面的重要作用，并于 2014 年专门成立一个独立的部级管理机构——传统医学部，以保护和发展阿育吠陀、瑜伽和顺势疗法等传统医学。2020 年 11 月 13 日，印度总理莫迪在出席第五届阿育吠陀日活动时，又宣布将在古吉拉特邦和拉贾斯坦邦各成立一个阿育吠陀研究机构。而就在当天，世界卫生组织总干事谭德塞表示，世卫组织决定在印度成立一个全球传统医学中心，以加强传统医学的研究、培训和推广等。

（二）仿制药产业

印度在仿制药制造方面也具有独特的优势，被称为"发展中国家的药房"。20 世纪五六十年代，印度本土企业没有能力研发新药，只能代理销售国外药企的产品或者少量生产销售一些专利过期的产品。1960 年，刚成立的印度药企兰伯西瞄准瑞士罗氏公司的镇定剂苯甲二氮（Valium），并于 1968 年通过匈牙利（匈牙利当时不承认专利权）的一家药厂获得了这种产品的原料药，在 1969 年以 Calmpose 的品牌推

---

① 参见《阿育吠陀医学：古老智慧中的治愈之术》，《文明》2019 年 7 月 27 日。

向市场。Calmpose 也成为印度本土最早的知名药品品牌。通过模仿或者仿制的方式，为穷人提供物美价廉的药品，兰伯西在 2004 年成为印度第一大、世界第五大制药企业。

为了让仿制药"名正言顺"，印度政府并不承认西方国家药品专利。1970 年出台的《专利法》只保护制药工艺，不保护药品成分。随后，印度政府还颁布了严格的药品限价法令，以及限制国外药企在印度的生产和销售的其他法令。这使得通过仿制来生产廉价的药品，成为印度药企一种普遍的商业模式。在《专利法》颁布后的三十几年间，印度仿制药快速增长。其中，制药企业数量迅速增长，1970 年为 2 257 家，1980 年为 5 156 家，1990 年为 1.6 万家，2005 年超过 2.3 万家。投资也迅速增长，从 1973 年的 22.5 亿卢比（约 2.5 亿美元）上升至 2002 年的 450 亿卢比（约 10 亿美元）。

根据 Aranca 研究中心的报告，2011 年印度仿制药市场规模达到 113 亿美元，是印度制药领域最大的版块。印度是全球主要药物出口国家，更是美国仿制药的最大进口来源国。除此之外，印度药企通过各种国际认证的药品也比较多。2011 年，有 28 家印度企业及他们的子公司共获批了 144 个 ANDA（向美国食品和药品监督管理局 FDA 提交的仿制药申报）和 49 个暂时性批准。印度共有 135 个获得美国食品和药品监督管理局认证的药厂，是美国境外拥有 FDA 认证药厂最多的国家。

2015 年 1 月 14 日，国际援助机构乐施会（Oxfam）印度分部在社交网站上宣布，印度是其他发展中国家仿制药的最大供应国，联合国儿童基金会、无国界医生组织以及其他援助项目的顺利开展都决定于印度生产的低成本仿制药。根据无国界医生组织的研究报告，印度药物生产商生产的药物占到了发展中国家进口药物的 67%，同时也几乎占到了联合国儿童基金会所分配药物的一半。此外，无国界医生组织在全球各地的医疗项目大多依赖仿制药，在其 19 个艾滋病治疗项目中,85%的药物来自于印度仿制药。① 然而,据《英国医学杂志》报道,即便是在印度这个仿制药生产的最大国家,每年竟也有3 800万人因药致贫。而据2017年4月《柳叶刀》发表的研究,在全球184个国家中,印度公共卫生支出仅排名第147位。也因为公共卫生系统不健全,印度已进入中低收入国家中自费医疗消费大国的前六位。②

(三) 医疗旅游

早在5 000年前,随着瑜伽和阿育吠陀医学在印度的普及,就涌现出一批批医疗旅行者和修行学生到印度寻求替代疗法,医疗旅游就此揭开了序幕。自20世纪60年代起,美国和英国的社会精英、名流开始推崇瑜伽和阿育吠陀医学,进一步推动印度的医疗旅游发展成熟,印度医疗旅游业开始大规模增长,印度成为了世界合法医疗旅游目的地之一,以及亚洲三大医疗旅游目的地之一。

从2002年开始,印度政府先后采取了一系列发展医疗旅游的政策和措施,包括立法保护仿制药生产、削减进口医疗设备关税、向私立医院提供廉价土地等。此外,印度政府还于2015年设立国家医疗保健旅游局,向海外医疗游客提供无障碍入境,简化跨境货币交易手续,提供在线签证、多次入境、延期逗留以及医院认证服务。印度政府还开设医疗旅游门户网站,包含英语、阿拉伯语、俄语、法语4种语言。在2015年9月的世界医疗旅游大会上,印度宣布将成立专门的医疗旅游委员会(Medical and Wellness Tourism Board),并将募集约2 000万卢比(约30万美元)的投资基金。在机票方面,印度政府也推出了两档补助,外国患者可以通过机票优惠券,减轻一定的经济负担。

不仅如此,印度卫生部、对外事务部、旅游部、文化部也正在加强合作,努力增加医疗游客数量。印度卫生部与英国国家卫生服务系统

① 参见袁晓彬:《印度:专注仿制药四十五年》,http://news.163.com/special/reviews/genericindia0215.html.

② 参见罗锐编译:《在仿制药大国印度每年竟有3800万人因药致贫》,https://www.cn-healthcare.com/article/20180816/content - 506957.html.

磋商，将需要长时间等候手术的英国病人转到印度治疗，既能缓解英国的医疗压力，又能增加印度医疗旅游客源。印度旅游部近年来也实施了数项支持医疗旅游的便利政策，包括为发展医疗旅游提供金融支持；简化医疗签证办理手续；在德里、孟买、金奈、加尔各答、海德拉巴、班加罗尔等地的机场设立专门签证柜台；与英国广播公司合作拍摄印度医疗旅游介绍电影等。而为了吸引医疗旅游者，医院还为患者提供从接机到送机以及随行家属住宿等一切服务。印度私人医院更是根据患者情况量身定制治疗方案，甚至推出家庭医疗旅游套餐。

据估算，目前印度医疗旅游业增长率为 22%～25%，每年境外医疗游客贡献净利润达 30 亿美元。2018 年印度医疗旅游市场增长至 60 亿美元；到 2020 年，印度医疗旅游收入将达 80 亿～90 亿美元，医疗旅游已成为印度最大的行业之一。医疗游客来自孟加拉国、巴基斯坦、阿富汗、斯里兰卡、马尔代夫等邻国，也有的来自美国、欧洲国家和非洲国家。①

---

① 参见《印度：全球五大医疗旅游目的地之一（下）》，https：//baijiahao.baidu.com/s?id＝1640564286204201726&wfr＝spider&for＝pc.

第五节 《三新贵》与印度软件产业

主讲影片

《三新贵》

影片始于卡皮尔与耶什帮助好朋友维奈和女友私奔。但由于维奈女友的父亲背景强大，私奔以失败告终。然而，卡皮尔却从中发现了一个商机，即建立一个私奔婚礼网站，专门协助他人私奔，但此想法遭到了维奈和耶什的无视。

镜头切换到了一个关于创业的颁奖典礼上。看着同学们拿到投资基金，卡皮尔心中失落不已。卡皮尔曾在参加乡村营志愿者时，巧遇一件因为乡村药品物资缺乏而导致一个生命终结的悲剧。此事引发了卡皮尔的思考：印度有手机、有网络，但是药品资源却十分有限。于是，他萌生了一个想法，即让有需求的顾客通过网上下单购买药物，然后由旅客带去给购药的顾客。耶什对他的想法很感兴趣，但是维奈却表示不想加入。随后，耶什成功设计了一款药品随订随到的应用程序。然而，由于该应用程序使用过程较为复杂，在乡村推广的效果并不好。但在维奈的帮助下，这个应用程序终于可以进行简单的操作，他们也因此收到了第一批顾客的订单。经过卡皮尔和耶什的劝说，维奈也答应加入他们的队伍。三人的创业之路也随即拉开序幕。

但好景不长，他们很快面临缺乏资金的困难。在多次尝试无果后，他们不得不被迫关闭他们的应用程序。在一次偶然的机会中，卡皮尔遇到了他的金主维尔。来自富二代维尔的资金让他们的公司东山再起，"随订随到"的应用范围也从乡村逐步扩大到了城市。然而，卡皮尔利欲熏心受到了耶什的指责，也最终导致维奈和耶什选择退出团队。卡皮尔在金钱的强大诱惑下甚至想除掉作为投资人的维尔，但卡皮尔的这些心思都被维尔看在眼里。在引起维尔的强烈不满后，卡皮尔也被排挤出了公司。

落魄的卡皮尔在维奈的家里与耶什相遇。三人在重聚时再次吐露心声，相互间的友情重回正轨。后来，卡皮尔在他的一位关系密切的女性朋友那里找回了创业时的初心。他向维尔要回了承载着创业初期梦想的民间组织，并洒脱地离开了公司，为了实现自己最初的理想开始了新的征程。

国情背景

一、印度的软件外包

印度软件产业的发展历程大致可分为四个阶段。1984 年以前,印度采取进口替代战略,软件业以内需为主,整体发展缓慢。印度软件产业开始发展的主要标志是 1968 年塔塔咨询服务公司的成立。20世纪 70 年代,印度成立电子部,并于 1972 年制定了在出口商赚取外汇的前提下和在没有取消出口许可证的情况下,出口硬件的同时允许出口软件的政策。但在 1984 年以前,印度的软件行业并没有多大的发展空间,软件出口仅限于为欧美 IT 公司编写软件程序,属于典型的劳动密集型产业。在此期间,印度向美国派出了相当数量的工程技术人员,为之后印度软件企业争取到美国的业务订单奠定了良好基础。

从 1984 年到 1990 年,印度出台政策鼓励出口,软件业开始快速发展。拉吉夫·甘地上台后亲自兼任科技、电子部长,并发布一系列促进电子产业发展的政策,如 1985 年的电子技术政策。1986 年,印度政府又颁布实施了《计算机软件出口、开发和培训政策》,标志着印度政府改变之前的依靠进口发展软件产业的思想,希望加大软件出口来提高印度软件在世界软件生产中的份额,增强国际竞争力。随着国际卫星通讯的普及,欧美公司开始青睐印度庞大而廉价的人才市场,采用异地雇用印度人才开发应用软件的生产模式。从 1988 到 1991 年,印度软件产业出口额再次翻倍,达到 1.31 亿美元。

20 世纪 90 年代初,印度抓住美国推动军用技术转为民用,尤其是与互联网相关的通信和太空技术转化民用的机遇,向美国和其他工业国家输出软件技术劳动力。印度还专门成立了信息产业部,专门负责软件出口等业务。1992 年,印度政府开始实施 IT 技术园区计划和电信港建设计划,进一步加快 IT 产业发展。1998 年,印度政府将信息软件产业确定为优先发展的支柱产业,明确提出要在 10 年内成为信息技术超级大国。与此同时,印度政府相当重视软件产业标准化工作,并进行教育体制改革,培养了大批软件类专业人才。这个阶段是印度软件产业飞速发展的阶段,此时的印度已经成为全球第二大软件供应服务商。[①]

印度从一个经济基础薄弱、社会矛盾突出的贫穷国家一跃成为世界软件生产大国,堪称世界软件产业发展史上的一个奇迹。尤其是该国的软件外包行业,在全球占有领先地位,在国际外包专业协会(IAOP)发布的全球外包 Top100 中,印度软件外包公司 Wipro、Infosys、HCL 等位列前十。印度软件外包的发包方主要来自美国和欧洲。2005 年以来,印度计算机与信息服务的净出口额每年均有大幅增长。印度的软件外包逐步实现了对美国的软件外包的替代。伴随软件外包的快速发展,印度占据了全球外包市场一半以上份额。[②]

印度软件产业的崛起,除了政府经济政策的支持和跨国公司的带动外,还有两个因素也十分重要。一方面,印度把产品与服务的质量看作软件产业发展的基础,采取了严格的质量控制措施。印度软件公司都把取得 ISO9000 认证看作发展的第一步。另一方面,印度政府高度重视软件教育,在 6 个已经建立的国家级印度理工学院的基础上,又在各邦设立了印度信息技术学院。印度在 IT 领域的教育甚至从中小学抓起。全国 2 500 多所中学均开设了电脑课,400 所大专院校开设了计算机及电脑软件专业。此外,印度每年还对 25 万人提供信息

---

① 参见《印度软件产业发展现状分析》,中国经济网,2014 年 3 月 26 日,http://intl.ce.cn/specials/zxgjzh/201403/26/t20140326_2555250.shtml。

② 参见《印度软件产业发展现状分析》,中国经济网,2014 年 4 月 1 日,http://intl.ce.cn/specials/zxgjzh/201404/01/t20140401_2582232.shtml。

技术培训。庞大的教育体系为印度创造了从尖端科技研发到基础实际应用的人才梯队,造就了印度 IT 产业特别是软件产业的发展大势。①

二、印度硅谷——班加罗尔

班加罗尔意为"煮豆",建于 16 世纪,自 1831 年起,被英国殖民主义者占领,直到 1947 年,英军才撤离该市。1958 年,德克萨斯公司在班加罗尔建立了一个设计中心,为其他跨国信息技术公司来此设点开辟了道路。20 世纪 60 年代,印度中央政府把重点国防和通讯研究机构,如科学研究所、国家航空研究所、雷达电子发展公司等设在该市,使该市的信息技术产业得到迅速发展,目前它已经变成印度的科学和技术中心。班加罗尔也是印度政府工业投资的重点地区之一,有印度主要的飞机制造厂,以及电器、通讯设备、机床、汽车制造、制药等工

印度班加罗尔 IT 产业园

① 参见郭福华:《印度软件产业何以崛起》,《电子科技》2001 年第 7 期。

厂。① 但最引人瞩目的还是城市南郊的电子城。电子城从 20 世纪 80 年代开始兴建,逐渐发展成为全球第五大信息科技中心,班加罗尔也由此成为"印度的硅谷"。

早在 1988 年,班加罗尔就被美国《新闻周刊》评为全球十大高科技城市之一。2003 年,印度软件出口首次突破 100 亿美元大关,达到 125 亿美元,其中班加罗尔的贡献就超过了 30%,在班加罗尔工作的技术工人数量达到 16 万,直逼美国硅谷所在的加州圣克拉拉县。目前,全世界大约有 75 家资质为五等的软件研发企业,其中有 45 家在印度,而这其中又有将近 30 家在班加罗尔。不仅如此,在班市软件园区的核心区内集中了 4.5 万个外包工作机会,仅在通用电器公司的印度研发中心内就有 1 800 名博士从事软件研究开发工作。班加罗尔不愧为印度的软件之都。②

班加罗尔的成功主要归结为环境、教育和政府投入。首先,班加罗尔海拔 700 多米,四季气候宜人,干净整洁美丽,加上空气质量很好,符合精密制造业研究发展的要求。另外,由于环境、气候条件好,大批科技人才愿意前来这里定居,有利于吸引人才;其次,班加罗尔所在的卡纳塔克邦从 70 年代开始就进行教育改革,目前是印度平均受教育程度最高的邦之一。卡邦共有工程学院 125 所,在数量上居印度首位,是美国工程学院数量的一半。班加罗尔还云集了如印度理工学院、印度管理学院、国家高级研究学院和印度信息技术学院等许多名牌大学。最后,印度政府于 1991 年投资兴建了可高速传输数据的微波通讯网络 SoftNET,解决了软件公司的基础设施问题,至少满足了 10 年内企业的发展需求。此外,政府还提供了完全免税的进口硬件和软件,到 2010 年前为止免除软件公司所得税(最高比例达 90%)、允许设立 100%外资独资公司、购买国内资本货物时免除消费税等许多优

① 参见中华人民共和国大使馆网站关于"班加罗尔"的介绍,https://www.fmprc.gov.cn/ce/cein/chn/ssygd/yd/ydjdjs/t197142.htm.

② 参加《印度之都:班加罗尔》,http://news.ppzw.com/Article_Print_27304.html.

惠政策。①

　　然而,近年来北京、上海和新加坡等一批新的亚洲初创中心的地位和排名已经超过了班加罗尔。导致班加罗尔风光不再的原因主要包括:一方面,技术人才素质有待进一步提升,且初创公司的员工普遍人心浮动,想寻求更好的职场机会。因为班加罗尔是全世界初创行业薪酬水平最低的城市之一,软件工程师的平均年收入只有8 600美元,比美国硅谷的软件工程师平均年收入低13倍。另一方面,虽然班加罗尔在估值方面排在全球第七位,但是投资成功率却非常低。大多数情况下,这里的初创公司都会在开业一年内关门大吉。即便是印度初创生态经济系统里的标兵Flipkart,经营了10年也没能实现盈利。虽然班加罗尔仍然是印度的硅谷,但是其他城市已经迎头赶上。印度南部的晨奈俨然已经成为印度的SaaS(服务型软件)行业中心,而印度西部的普纳也逐渐成为班加罗尔的一个强大竞争对手。微软在印度设立了3个数据中心,其中有一个就设在普纳,有人认为它可能很快就将全面超越班加罗尔。②

---

　　① 参见《美丽都市高手云集,走访印度硅谷班加罗尔》,《中国早报》2004年8月19日。
　　② 参见林清东编译:《印度硅谷班加罗尔为何失去了优势? 我们找到了原因》,Mashable中文站,2017年4月14日。

附 录 电影推荐及剧情概要

1.《古鲁》

该片男主角古鲁肯特·迪塞来自伊达尔，一个古吉拉特的小村庄，是学校教师坎蒂拉尔的儿子，一个雄心勃勃的小伙子。为了见世面，古鲁去了土耳其工作并取得一定成绩。不过古鲁有着自己的梦想，他要在孟买建立自己的事业。然而古鲁缺乏足够的资本创业。同时他娶了自己最好的朋友吉格内什的姐姐苏嘉妲，但她曾试图与人私奔，"名声在外"。古鲁选择坦诚地接受她，并成了她的"拯救者"，而她也成了他所爱的、忠诚的妻子。古鲁拿着苏嘉妲的嫁妆，准备到孟买创业。于是，古鲁在新的地方，开展新的生意，与他的妻子和弟弟，开始了他的新征程。

2.《印度合伙人》

类似于《中国合伙人》,该片也讲述了一个传奇的创业故事。因为卫生巾关税高昂,在 2012 年印度仍有 80% 以上的女性无法使用卫生用品。只有初中文化程度的拉克希米为了妻子的健康,试图寻找低成本的卫生巾的生产方法,却被全村人视为变态、疯子;他远走大城市德里,遇到了生命中最重要的美女合伙人帕里,最终发明了低成本卫生巾生产机器,并开放专利,促成印度全国对于女性经期卫生观念发生变革,此举也促进印度于 2018 年 7 月取消卫生巾进口关税。

第四章

外来模式与本土传统的糅合

——电影中的印度政治

第一节 《莫迪总理》与印度政党政治

主讲影片

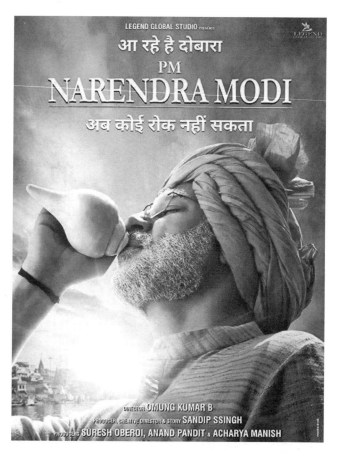

《莫迪总理》

《莫迪总理》这部印地语电影上映于 2019 年 5 月 24 日，该片由印度著名导演奥蒙·库马尔执导，并由阿内鲁德·乔拉和维维克·奥贝罗伊担任编剧。 此片是一部讲述印度第 14 任总理纳伦德拉·莫迪一生的传记剧情片。 知名演员维维克·奥贝罗在为此片担任编剧的同时也饰演了该片的男主角纳伦德拉·莫迪。

莫迪在古吉拉特邦十分善于联合底层民众和印度人民党党员同执政党进行斗争。 不久，印度人民党赢得了古吉拉特邦的地方选举，此时的首席部长是凯舒巴伊·帕特尔。 莫迪优秀的工作能力使得人民对他的拥护急剧上升，同时也威胁到帕特尔的地位。 帕特尔通过各种手段把莫迪赶出了古吉拉特邦。 随后莫迪向印度人民党提出辞职，但是最后没有得到同意。 他被调到新德里开展新的工作。 2001 年，他从新德里又回到古吉拉特邦，并被推选为首席部长候选人，之后顺利成为了该邦第十四任首席部长。

2002 年上任伊始，莫迪就遭遇古吉拉特邦的印度教教徒和穆斯林之间严重冲突①导致的骚乱。 面对这样的情况，莫迪临危不乱，他向其他邦政府和印度联邦政府发出请求帮助的信号，并且宣布实行全城宵禁，派驻警察控制骚乱，两个月后骚乱基本平息，重建工作陆续开展。 莫迪十分注重基础设施的建设和引进外资，他对市政规划进行合理设置，修建新的道路桥梁，增加民众就业机会，严惩腐败分子。 他还多次访问中国、新加坡学习执政经验，在他的带领下，古吉拉特邦经济增长率一直高居印度第一，成为了印度发展最好的邦。 随着民众对莫迪支持率越来越高，莫迪也成为了 2014 年印度大选的总理候选人，并在各地开展竞选活动。 2014 年 5 月 16 日，印度人民党赢得大选，根据印度宪法规定，莫迪领导的印度人民党组建新一届政府，莫迪出任印度第 14 任总理。

---

① 2002 年 2 月底至 3 月初，印度教徒和穆斯林为争夺阿约迪亚圣地的宗教地基在古吉拉特邦首付艾哈迈达巴德市爆发宗教暴力冲突，数百人在此次暴力事件中丧生。

国情背景

一、印度选举制度

印度的现代议会制度起源于英国殖民统治时期,英国殖民政府将英国君主立宪的议会制度逐渐引入印度并进行了本土化。经过一百多年的缓慢的自上而下的宪政改革,印度的民主制度打下了坚实基础。

1950 年 1 月 24 日,拉金德拉·普拉萨德在印度制宪会议的最后一次会议上当选印度首任总统,他于当月 26 日正式就职后,宣布印度宪法生效。从此,印度的议会民主制度得到了宪法的正式承认。1951 年 10 月 25 日到第二年的 2 月 21 日,印度举行了第一届议会大选(人民院和邦立法院同时选举)。1952 年到 1967 年间的三届议会,印度国大党在议会选举席位上一直一党独大,占据优势地位,而其他反对党的势力很弱。1967 到 1989 年的五届议会,国大党逐渐丧失了优势地位,其他反对党逐步联合,1977 年国大党在议会选举中首次失利,失去了执政党地位。1989 年后的几届议会选举,没有政党获得过半数议席,国大党和人民党两个集团势均力敌。直到 2014 年印度议会大选,印度人民党领导的全国民主联盟在 543 个议席中夺得 334 席,印度人民党总理候选人莫迪当选总理,这次选举也成为了印度历史上耗时最长、耗资最多的一场选举。1951 年后的几十年的民主选举实践,充分展示了印度相对完善和稳定的选举制度设计。

印度的立法权分属两个层级,一个属于联邦议会,一个属于邦议会。联邦议会(Parliament)由总统、联邦院(Rajyasabha)和人民院(Lok Sabha)组成。联邦院是议会的上院,宪法规定联邦院由不超过 250 名议员组成,除总统任命的 12 名议员外,其他议员代表印度各邦和中央直辖区,由各邦和中央直辖区议会选举产生。人民院相当于议会下院,人民院议员总数 545 名,除了总统直接任命的两名英裔印度人议员以外,其余均由直接选举产生。人民院议员任期为 5 年。人民院选举是印度最关键的选举,它就是通常意义上的印度大选。在人民院选举中赢得多数席位的政党或联盟就可以组建内阁。[①]

在 1951 年制宪会议上通过的印度宪法以及 1950 和 1951 年通过的两部《人民代表法》都是在遵循印度本土风俗习惯和国情的基础上订立的。这三部法律中体现的是印度选举制度的核心框架,也是印度人民在公平公正的基础上行使选举权的最重要保障。

(1) 英式单一选区制。为了确保各选区人口大致相同,划界委员会会按照历史沿袭重新划分各邦立法院选区的边界。整个印度共有 543 个议会选区,每个选区选举出一位人民院议员。一个候选人最多只能在两个选区参加竞选。在某些选区里,规定了必须有一个席位给表列种姓和表列部落的成员,这样的选举制度更加贴合了印度的历史和现实情况,反映了印度民族和文化的多样性。

(2) 简单一轮相对多数投票制。印度人民院选举中,每个选区只需赢得相对多票数就可以获胜。这为各类小党进入议会创造了良好的条件。相对多数投票制度简单易执行,可以很快完成选举,避免争议。

(3) 选民和候选人资格要求:凡年满 18 岁以上的印度公民都有选举权,无居住地、精神不健全和因为贪污、犯罪以及其他违法行为被剥夺选举权的除外。印度的议会选举实行选民登记制度,符合条件的选民名单被编制成册,即选举名册,选举名册每年都必须修订一次,以便增添那些新搬迁入选区或者当年年满 18 周岁的人,并且会删除搬出选区或者死亡的人。竞选联邦院议员的候选人必须年满 30 周岁,竞选人民院议员的候选人必须年满 25 周岁。精神不健全和债务未解

---

① 参见李少文主编:《世界宪法评论第 2 卷》,中国民主法制出版社,2016 年,第 77—79 页。

除的破产者、叛国者、中止印度国籍者以及在政府机构任职有固定收入的人（法律规定允许的除外）都不能成为候选人。

候选人必须口头或书面保证诚实并忠于宪法，无犯罪前科，同时要报告受教育、财产及负债等情况。为了限制别有用心的候选人，每个候选人必须先缴纳一笔保证金，如果在选举审查时未通过，可以退还保证金。如果候选人在选举中得不到六分之一的有效选票，保证金就不再退还。

（4）保留席位制度。为了使少数民族和弱势群体的利益得到保证，印度议会实行了保留席位制度：表列种姓保留 79 席，表列部落保留 40 席。另外，女性和最低阶层的选举权力也得到保护，印度宪法规定人民院的议席 33% 给妇女，约 22% 给最低阶层。

（5）提名制度。印度为保护极少数群体的利益，在人民院和联邦院中，总统或者邦长可以有提名议员的权力，如总统可以提名 2 位英裔印度人为人民院议员，可以提名 12 名在科教文卫方面有突出贡献的人士作为联邦院议员。[1]

二、印度政治中的不确定因素：腐败

在经济水平和社会发展水平相对落后的发展中国家，如果缺乏有效的监督制约机制，在民主制度下的政治分散主义很可能导致局面的混乱和失控。这也是印度政治制度运行中给我们的一个警示。印度在 21 世纪第一个十年里的经济高速发展是国际社会最令人侧目的现象，但是随之而来的腐败现象也是愈演愈烈，层出不穷的贪污腐败案件不断曝光，使得印度在崛起之路上步履蹒跚。这种腐败现象产生的原因主要还是应该从印度的政治制度上进行探究。

代议制民主在印度的本土化过程中与传统的分散主义结合在一

---

[1] 参见万颖：《印度选举制度的历史、现状和影响》，https://www.thepaper.cn/newsDetail_forward_1627853.

起,导致产生了数量极多的政党,大部分缺乏知名度而且并不在人民院占据议席的政党却在地方政治运作中产生了重要的影响,这也极大地削弱了联邦政府和执政党的领导作用。从大部分联邦制国家政治运作实践中可以得出的结论是,分散主义能促进地方自治。但是在印度,地方邦的高度自治和印度传统文化组合在一起,产生的结果却令人失望。印度文化里最有代表性的种姓制度虽然在印度宪法里已经被明确废除,但是实际情况却完全不同。联邦政府的法律约束力在地方邦几近于无,这样就可以解释为什么由印度联邦政府推行的反腐行动作用并不明显。①

---

① 　参见赵干城:《印度民主为何治不了腐败》,http://theory.people.com.cn/n/2012/1107/c112851－19520621.html.

第二节 《一个母亲的复仇》 与印度司法体制

主讲影片

《一个母亲的复仇》

本片是由印度导演拉吉·乌迪亚瓦尔于 2017 年执导，希里黛玉、萨佳·阿里主演的犯罪惊悚类电影，改编自 2012 年震惊印度的"德里黑公交案"。

　　影片中的女主德芙琪是一位老师，同时也是一位继母。尽管她很关爱自己的女儿阿莉亚，但阿莉亚对她的关心熟视无睹。在一次课堂上，德芙琪发现学生莫希特给阿莉亚发了一段不雅视频。德芙琪发现后，二话不说把手机扔出窗外。在女儿和男生看来，观看此类视频其实无伤大雅。但令德芙琪和阿莉亚没有想到的是，这件无伤大雅的小事其实已经悄悄埋下了祸根。一天，阿莉亚去参加情人节派对。派对上的阿莉亚明艳靓丽，同在派对上的莫希特看到了美艳动人的阿莉亚，又想到了被其母亲没收手机的难堪，于是生起了挑逗之意。但阿莉亚拒绝了莫希特的非分要求，后者由此被激怒。于是在派对后，莫希特便伙同其同党劫走了阿莉亚，并在车上实施了强奸，事后将奄奄一息的阿莉亚扔在沿途的排水沟内。最后经过医院的抢救，阿莉亚还是幸运地活了下来。德芙琪和丈夫阿南德闻此消息后肝胆俱裂。阿莉亚苏醒后则发表声明将要指认加害者。但阿莉亚还是不待见她的继母。

　　警方迅速缉拿了几位嫌疑人。但凶手们早已将作案车辆里里外外清洗干净。加之当晚阿莉亚喝了酒，被告人辩护律师以其记忆不可靠为由辩护。最后，法官以证据不足为由宣布四名嫌疑人无罪。阿莉亚的律师建议阿莉亚一家向上级法院提起上诉，但德芙琪已经失去了信心。而阿莉亚一度悲伤于法院给出的判决中，崩溃不已。德芙琪见此状，决定通过自己的方法为阿莉亚找回公道。

　　德芙琪暗中聘请了一位私家侦探打听四名袭击人的行踪。她首先下药绑架了第一个凶手——当晚为同伙把风的人，并且在凶手昏迷时割掉了他的生殖器。凶手在昏迷了三天三夜后醒来，却什么记忆都没有留下。 下一个对象是酷爱健身的凶手查尔斯。 德芙琪偷偷进入查尔斯家后，在他的健身粉中混入了粉碎的苹果籽（苹果籽含有一种氰戊类物质，1.5克足以致死）。 查尔斯服下大量苹果籽，虽保住了性命，可却也瘫痪了。 德芙琪在私家侦探的帮助下，乘另一个凶手莫希特到医院看望查尔斯时，把剩下的苹果籽统统藏进了莫希特的家中并留下了其他证据。 警察迅速逮捕了莫希特。 最后查尔斯死去了，而莫希特也被判为凶手。 三个凶手都相继遭到了惩罚，可最后一个凶手的行踪却扑朔迷离。 德芙琪每干掉一个袭击者，新闻媒体都会大肆报道。 阿莉亚很惊讶自己也上了新闻，认为这一切都是父亲做的，对父亲深表感激。

马修警官虽然也怀疑过阿莉亚的父亲，但苦于没有证据只得作罢。 之后他在莫希特的公寓里发现了德芙琪的眼镜，于是便将怀疑的目光转到了她身上。 马修找到德芙琪与其对质，却没有证据。 他警告她，第四个男人贾根是个难缠的罪犯，报复他对她的家人来说是危险的。

阿莉亚的心情渐渐开朗起来，一家人决定出门度假。 与此同时，贾根通过查尔斯得知是"妈妈"（德芙琪）和侦探在报复。 所以当他杀掉侦探后，便动身前往寻找德芙琪一家人。 贾根切断了度假雪屋的电源，心狠手辣地射杀了阿南德。 之后，凶手持枪追赶逃跑的母女俩，眼看两人就要血溅冰天雪地，千钧一发之际，马修赶来打掉了贾根手中的枪。 母亲想要亲手杀掉凶手，马修先是制止。 可在情感与法律的天平中，马修的最后一块砝码终是落在了情感一头。马修表示自己将装作什么都不知道。 此时，阿莉亚躲在旁边的树丛中，偷听到了贾根愤怒地讲述德芙琪是如何杀掉其他凶手的。 阿莉亚才知道事情的真相。 在德芙琪一枪结果了贾根后，阿莉亚从树后冲了出来拥抱了她，并喊出了一声"妈妈"。

国情背景

一、印度司法体制

（一）印度法律渊源

印度真正走上独立发展的道路还是在 1947 年实现民族独立之后。但即使实现了民族独立，殖民阴影仍未在这片次大陆上消散，反而扩散至印度社会的方方面面。而表现在法律这一领域，就是法律基础和法律渊源的强有力的对决。印度法中包括了英美法的内容，但与此同时，我们又可以看到大陆法的许多痕迹；印度法虽然受到了外国法的影响，但又体现出了本国法的特点；印度法保留了许多旧文化的痕迹但又顺应了时代的发展潮流，从而形成了国内与国外，宗教与世俗，法定与传统相互交叉融合的"大杂烩式"法律。其法律渊源也呈现出多样性。

1. 印度宪法

1949 年 11 月，印度制宪议会通过了印度现行宪法。印度宪法确定了印度的国家性质、政权组织形式、国家机关和地方机构的组织和职权以及公民权利和公民资格。该宪法宣布印度为一个主权的、社会主义的、非宗教性的民主共和国，并确定了联邦政体，规定印度是联邦制国家，其中央政府拥有相当大的权力。印度宪法还确定了以议会为前提的总统制。从制度层面而言，印度宪法在很大程度上与英国宪法相似。但值得注意的是，虽然搬照了英国的政治制度模式，印度宪法还是保留了很多印度的本土特色。比如，虽然印度承认总统凌驾于立法、行政、司法三权之上，但实际上总统只是名义上的国家元首，并无实权，总统的许多权力是由总理掌控的。

印度宪法明确规定了行使宪法权利的机关。根据宪法第 365 条第 1 款以及第 5 款规定："无论本宪法作任何规定，议会都可以行使宪法赋予它的权力。按照本条规定,通过增补、变更、撤销等方式修改本宪法的任何条款。"①议会除了制定宪法外,还拥有可以通过增补、变更和撤销等方式来修改宪法的权力。至于修改宪法的程序,则规定了只要议会两院(联邦院和人民院)之中的任何一院提出了议案,即可以作为修正宪法的起点。

2. 宪法性法律(一般法与特别法)——印度教法典

印度议会于1955年至1956年间通过了一系列的宪法性法律。其中有1955年通过的《印度教婚姻法》,1956年通过的《印度教未成年人与监护法》《印度教收养和赌养法》《印度教继承法》。这四部法规是印度教法在现代的一个体现,所以四项法规被统称"印度教法典"。可以说,它不仅是印度的宪法性法律,同样也是印度的法律渊源。

3. 制定法

尽管英美法体系在很大程度上影响了印度的法律,但印度又保留住了自身的特色。所以当我们分析印度的法律渊源时,分析其制定法也很有必要。刑法相关法律、刑事诉讼法、民事法律、民事诉讼法、知识产权法相关法律、印度教婚姻相关法律、涉外法律等,这些制定法都是印度的重要法律渊源。

4. 其他法律渊源

作为联邦制国家,印度还有许多地方法律,但内容上,地方立法不得与印度统一法典发生冲突,其效力也要低于印度统一法典。如《孟买市政公司法》《孟买普察法》等,这些都属于印度的地方法律。②

(二)法院系统

印度的司法体系受到了许多外部因素的影响。由于印度曾是英国的殖民地,其司法体制深受英国模式影响。除了英国之外,其他普通法系国家和地区也给印度的司法体制带来了不一样的内容。作为

---

① 王蔚、潘伟杰主编:《亚洲国家宪政制度比较》,上海三联书店,2004年,第182页。
② 参见赵倩莹:《论印度的法律渊源》,《法制与社会》2009年第4期,第329—330页。

联邦制国家的印度,其法院系统却是一元化的。整个法院系统就像一个金字塔,中央联邦最高法院居于最高位置,在最高法院之下分别是各邦高等法院、邦以下区法院和乡法院,再往下的还有律师主持的各类调节组织。而最高法院的职权范围覆盖高等法院以下各级法院的职权,并且各级法院都必须遵守最高法院的判决。目前,印度全国设有二十多个高等法院,近500家区法院,而乡法院则有几千家。其中,各邦对于法院的称呼不尽一致,各级法院的法官需要达到的资格和任职条件也不尽相同。

1. 最高法院

印度最高法院的管辖权主要分为：原始管辖权、上诉管辖权和咨询管辖权。如果争议问题涉及法律权利的存在或范围(无论是法律还是事实),最高法院的原始管辖权都将延伸到印度政府与一个或多个国家之间的任何争端。除此之外,在执行基本权利方面,宪法赋予了最高法院广泛的原始管辖权。比如：最高法院有权发布指示、命令以及令状。其中令状包括了禁令、人身保护令、证明等性质的令状。最高法院还有权转接各法院之间的案件,无论是民事案件还是刑事案件。转移范围也很广泛,例如从一个州高等法院转到另一个州高等法院,也可以从一个州高等法院转到下属的一个法院。根据1996年的《仲裁与调节法》,最高法院还有权启动国际商事仲裁。

最高法院的上诉管辖权适用于印度所有的法院和法庭。印度最高法院对印度政府与一邦或数邦之间,或者邦与邦之间发生涉及解释宪法的争执案件,拥有排他性初审管辖权。对于印度国内任何一所高等法院提出的判决、宣告或者命令,若高等法院能够证明该案件涉及宪法解释的实质性法律问题,无论是民事、刑事,还是其他诉讼,当事人都可以向最高法院提出上诉,由最高法院进行终审判决。最高法院在审理此类争执型案件时,至少要有5名法官才能开庭审理。除此之外,为了发挥印度最高法院的护宪功能,印度也曾废除了许多联邦和邦的法律法令。

最高法院在印度总统根据宪法第 143 条明确提交的事项上有特别的咨询管辖权。另外，根据宪法第 129 条和第 142 条，最高法院还有权惩罚藐视法庭的行为。尽管最高法院的诉讼程序是由包括高等法院在内的下级法院做出的判决或命令引起的，但最高法院已经开始关注公益诉讼。任何个人或团体向法院提交的书面请愿书或向印度首席大法官致函的涉及公共利益的诉讼都可以被移送到最高法。

印度最高法院

2. 高等法院

印度有 24 个高等法院，其中首都德里辖区内有一个高等法院，其他 6 个联邦属地由不同的州高等法院管辖。高等法院领导一个州的司法行政部门，其有权向其所管辖的地区内的任何人发出指示、命令或令状。所有高等法院可以将其行使的管辖权，全部或部分交给其他地方行使。同时，高等法院还拥有监督权，其监督权适用于其所管辖内的所有法院。除此之外，高等法院还有权要求地方法院制定和颁布一般流程规则。

印度最高法院由 8 名法官组成，其中一名为首席法官。八名法官均由总统任命。而各高等法院也由一名首席法官和若干名法官组成。但除首席法官,各法院间其他法官的人数会根据各法院实际情况的不同而有所差别。如果要任职高等法院的法官,需要达到的条件是至少在印度国内担任法官 10 年或以上,或者在高等法院担任律师 10 年或以上。高等法院法官的退休年龄为 62 岁。需要注意的是,无论是普通法官、非常任法官还是代理法官,除非在工作中因行为失检而被总统依照宪法免职或者自己主动辞职,法官是不得在 62 岁前免职的。总统有权调换高等法院之间的法官,但需要向最高法院的法官征询意见,然后再将某个高等法院的法官调职到另一高等法院。

3. 其他法庭

在各级法院下面,印度还根据案件类型的不同,设立了各种专门法庭,比如债务追讨法庭、中央行政庭、中央消费税上诉庭等。①

二、印度司法体制的改革

印度高等法院的法官职位一直都处于大量空缺的状态。据统计,印度司法体系中法官职位空缺占比约有 20%,2015 年印度全国 24 个高等法院就有近 400 个法官职位空缺。如果希望印度的司法系统能够提供有效的服务,那么法官职位空缺的问题就需要得到解决。

造成印度高等法院法官职位大量空缺的一个主要原因是经费短缺。司法机构的预算拨款仅占印度国内生产总值的 0.2%,这意味着印度法院面临着巨大的资金压力,没有足够的资金来承担法院所需要的法官数量的开支。实际上,印度的最高法院早已是负债累累。正常来说,法官与人口的比例应该是 50 比 100 万,但印度法官与人口的比例却只有 10.5 比 100 万。

印度法律体系的复杂性体现在其成文法上,这主要是由于印度的联邦制度所导致的。印度宪法附表 7 中详细地列举了 205 项之多的

---

① 参见赵倩莹:《论印度的法律渊源》,《法制与社会》2009 年第 4 期,第 329—330 页。

立法,其中联邦共享立法事项有 47 项、邦立法事项有 61 项和联邦立法事项有 97 项。

和成文法一样,印度的判例制度也在一定程度上增加了印度法律体系的复杂性。根据判例制度,印度的高级法院和高等法院作为记录法院,判决中的法律规则可以作为先例适用于该法院及其以下法院所处理的案件,即它们所做出的判决具有先例的法律效力。①

2005 年印度电子法院正式成立,根据规定,包括区级法院在内的所有印度法院都将逐步推行网络化。到了 2008 年之后,印度所有县级法院也都开始推进网络化进程。两年之后,全国所有法院都已实现网络化,大量积压案件逐步被录入。2011 年 6 月,印度最高法院也开始推行网络化办公,信息技术部门为每个法院都安排了一名系统官员和两名系统助理。所有高等法院、最高法院以及部分地区法院的判决书和案件清单均可在网上查询,网站每日更新以确保信息的及时公开。还值得注意的是,案件当事人也可以通过视频会议向法院提供判决所需材料。

---

① 参见周小明:《印度司法改革及其对中国当下司法改革的启示》,《南亚研究季刊》2016 年第 3 期,第 86—95 页。

第三节 《小萝莉的猴神大叔》
与印度外交体制

主讲影片

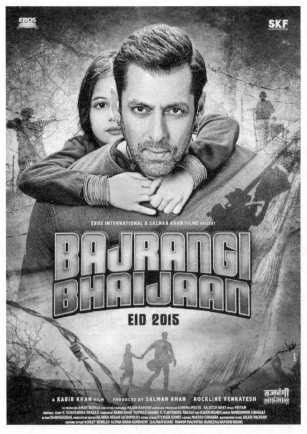

《小萝莉的猴神大叔》

猴神是印度史诗《罗摩衍那》中的神话人物，别名哈奴曼。 直到今天，猴神仍然是印度人所广泛信仰的神明。 电影讲述了一个虔诚信仰哈奴曼而被当地人称为"猴神"的印度男子，因为善良和信仰，帮助巴基斯坦哑女跨越重重困难回到家乡的故事。

影片一开始，小女孩沙希达便不小心掉落悬崖。 但幸运的是，她挂在了树枝上。 可因为沙希达从小是个"哑女"，不能开口呼救，等沙希达的父母找到她时，她已经在悬崖树上挂了一整天了。事后，沙希达的父母决定带女儿去印度求医。 因为听村里一老者说，印度德里的猴神曾治好了他的失语症，所以沙希达的母亲决定去朝拜猴神哈奴曼。

返程途中，沙希达再次因为失语症和母亲走失，而后在洒红节遇上了心地善良、虔诚信仰猴神的男子帕万。 帕万虽然很喜欢沙希达，但是他更希望沙希达能够回到自己的家。 由于沙希达不能说话，帕万连她的家在哪儿也不知道。 他列举了印度的各大城市，但都不是小女孩的家乡。 他又把沙希达送往警局，但警官表示警局里都是强奸犯和小偷，小女孩可能并不合适呆在警局，最后只好把沙希达带回了他女朋友的家里。 在一次足球比赛中，大家无意间知道了沙希达的国籍竟是巴基斯坦，都表示非常惊讶，帕万却也不得不因此面对来自准岳父的怒火。

帕万想通过大使馆把沙希达送回家乡，可此时的巴基斯坦大使馆围满了示威的印度人，示威人群要求释放因战争被抓的辛格将军，场面非常混乱，加之小女孩不会说话，也不能出示相关的证件证明自己。 沙希达通过大使馆回到巴基斯坦的这条路失败了。 随后，帕万又想通过私人机构把沙希达送回家乡，但沙希达却被黑心老板卖给了妓院。 帕万救出沙希达后，亲自越境将沙希达送回了家。

历经种种艰辛后，猴神大叔终于迈过了两国之间的边防线，踏上了自己国家的领土。 在帕万走向印度边境的时候，矮小的沙希达穿越了茫茫人海前来送别，这一瞬间，她的失语症神奇地消失了，望着帕万的背影，她终于喊出了"猴神叔叔！罗摩神万岁！"

国情背景

一、印度外交体制

冷战时期，印度与埃及、南斯拉夫、印度尼西亚、阿富汗等国召开了第一次不结盟运动首脑会议。作为不结盟运动的发起国之一，不结盟长期被印度奉行为其外交政策的基础，也使得印度能够在美苏两个超级大国之间保证了国家的安全和独立。冷战结束后，印度政府也开始逐渐转变其之前奉行的外交政策，不再倾向苏联，而是更加全方位以及务实。这很好地为印度在国际上创造了有利于自身和平发展的环境，从而力争在地区和国际事务中发挥重要作用。除此之外，印度还努力与所有国家发展良好关系，也稳定了印度在国际上的发展。[①]

1953 年，周恩来总理在会见印度代表团时，首次完整系统地提出了和平共处五项原则并且得到了印度方面的赞同，印度在外交方面也一直主张和平共处五项原则。与此同时，印度还积极主张在联合国的宗旨和基础上建立一个公平公正合理，且考虑到所有国家的利益并能为所有国家都接受的国际新秩序。

在联合国维和行动中，印度每年都派出了大量的人员参与。除了热衷于参加联合国维和行动之外，随着印度国际地位的提升，印度也积极谋求加入联合国安理会常任理事国。在 1992 年联合国大会期间，印度以实现联合国决策民主化，提高联合国工作效率为由，正式向大会提交意见书，建议扩大安理会并要求成为安理会常任理事国。2005 年，印度与德国、日本、巴西组成了"四国集团"向联合国提出改革

---

①　甘志霞：《"一带一路"沿线国家投资参考：环境、机遇与案例》，中国言实出版社，2018 年，第 65 页。

申请，要求实现联合国安理会扩容。并且坚决要求联合国扩大常任和非常任理事国的席位。但由于支持这一申请的国家严重不足，四国入常最后以失败告终。自联合国成立以来，印度多次递交入常申请，但也分别被五个常任理事国数次驳回。

在人权问题上，印度也一直积极主张人权的推进应该从各国的具体情况出发。印度坚定的主张生存权是人权中最重要的部分。同时，在人权问题上，印度也十分反对国际社会将人权政治化，坚决反对借人权之由来干涉他国的内政和损害他国的主权的行为。印度还主张，对于发展中国家而言，发展问题才是刻不容缓的，民主和人权问题可以放在次位。

在全球环境保护问题上，印度认为重视环境保护对于发展中国家有着重要意义。当今世界面临着许多环境问题，而如何解决环境问题，印度方面则认为发达国家应该承担起主要责任，发展中国家要联系其发展要求，与发达国家相互合作，共同进行环境保护问题的开发研究。

近年来，印度的综合国力显著增强，为此印度也开始向大国外交转型。在外交领域，印度十分重视经贸发展，不仅与以俄罗斯为代表的独联体国家成员国维持良好关系，还在经济、贸易、科技等多方面增强了与美国、欧洲、日本等发达国家和地区的合作与交流，积极引入先进技术与资本，这为印度经贸发展起到了较好的促进作用。与此同时，印度与东盟及亚太地区国家的联系也日益密切，印度大国外交朋友圈逐步扩大。除了经贸方面，印度对能源安全方面也格外重视，不断增强与能源供应国的合作。[1]

二、印度与巴基斯坦关系

"印度"一开始其实并不是一个国家，而更多指一个地理概念。英

---

[1] 参见胡志勇：《文明的力量：印度崛起》，新华出版社，2006年，第177—178页。

国殖民者将如今的巴基斯坦、孟加拉国、缅甸部分地区以及印度组合成了英属印度。可以说，印度和巴基斯坦原同属一个国家，1947 年，两国根据宗教信仰分治，信印度教的归属印度，信伊斯兰教的归属巴基斯坦，分别成立印度共和国和巴基斯坦伊斯兰共和国。这种草率的依教建国，导致两国之间短时间内大量人口流离失所，不仅给两国造成了巨大的经济损失，也给两国人民的生命安全带来巨大的威胁。

印度和巴基斯坦之间的冲突要追溯到《蒙巴顿方案》。第二次世界大战后，印度再次获得了独立。英国驻印度总督蒙巴顿放弃了统一印度的计划，提出了将巴基斯坦和印度分而治之的方案，即《蒙巴顿法案》。印巴分治时，克什米尔问题未能解决。从 1947 年开始，两国在克什米尔地区爆发的武装冲突就从未停止过。1947 年 10 月，第一次印巴战争爆发，印巴双方为争夺克什米尔主权，在克什米尔地区发生了大规模武装冲突。1965 年 8 月初至 1966 年 1 月，印巴双方关于克什米尔地区分治问题再次引发战争，即第二次印巴战争。1971 年 11 月，巴基斯坦发生动乱局势，印度乘机占领了巴控克什米尔地区的部分土地，引发第三次印巴战争。

1971 年，第三次印巴战争结束后，巴基斯坦和印度之间的外交关系仍然处于不正常状态。1972 年 7 月，印巴双方签署了《西姆拉协定》，内容包括：两国将共同努力通过双边谈判的和平方式来解决分歧；两国的军队须撤回到两国边界线的各自一侧；在克什米尔地区，双方同意 1971 年停火后形成的实际控制线。1976 年起，印巴之间的外交和贸易关系开始逐渐正常化，但双方之间的冲突还是没有中断过。①

---

①　马兰：《你最想看的：细说万事万物由来》，天津人民出版社，2015 年，第 209—210 页。

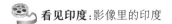

第四节 《乌里: 外科手术式打击》与印度军事体系

主讲影片

《乌里: 外科手术式打击》

这部电影由真实事件改编，它讲述的是 2016 年印度陆军对巴基斯坦的乌里攻击进行报复，这种外科手术式的打击是由主人公带领印度精锐特种部队深入敌后大杀四方而实现的。整部影片带有强烈的个人英雄主义和民族主义色彩，共分为五个章节。

第一章开篇，讲述的是 2015 年 6 月印度军队的车队在曼尼普尔遭遇武装分子的伏击，本片的男主角维汉少校为了报复武装分子，和包括他的姐夫卡兰少校在内的一个秘密小分队潜入并袭击了潜伏在印度东北部的武装分子，杀死了该伏击事件的幕后主导。在任务完成后的庆功宴上，印度总理向他们表示了祝贺。维汉为了照顾自己罹患阿尔兹海默症的母亲，肯求总理批准他提前退休。总理给了维汉一个两全其美的解决办法：留在新德里做文案工作，既可以照顾母亲又可以继续为国效力。维汉很高兴地同意了。

第二章首先简要交代了 2016 年 1 月 2 日巴基斯坦武装分子袭击印度帕桑科特空军基地事件的经过，接着讲述了维汉在新德里综合防卫参谋总部开始从事文案工作，陪伴家人的时间更多了。突然有一天，维汉的母亲无故失踪，维汉责怪看护母亲的护士贾思明·达梅达没有尽到看护的职责。他四处寻找后，终于在一座桥下找到母亲，此时护士贾思明也承认了自己是情报人员。鉴于这种情况，印度政府决定专门给特种兵的家属提供安保措施。

第三章讲述了 2016 年 9 月 18 日黎明时分，4 名巴基斯坦武装分子袭击了印控克什米尔地区乌里的旅部，虽然恐怖分子被当场击毙，但还是有 19 名士兵以及维汉的姐夫卡兰少校不幸牺牲。印度总理同意了国家安全顾问戈文德·巴拉德瓦伊提出的对巴控克什米尔地区进行外科手术式打击的想法，并给出十天时间准备。维汉离开新德里前往印度的北方指挥基地乌丹普尔请求陆军参谋长阿琼·辛格·拉贾瓦特让他参与行动，并获得准许。因为此次袭击事件中牺牲的士兵几乎都来自比哈尔团和多格拉团的精锐加塔克突击队，于是维汉选择加入他们，告知他们停止使用手机以免被敌方监听，并将此次复仇任务伪装成常规训练演习。

第四章，在戈文德策划如何对巴控克什米尔地区进行外科手术式打击的过程中，他遇到一个发明了新型无人机的实习生伊沙安。伊沙安的无人机外形很像一只鹰，在新型无人机的协助下，他们找到了恐怖分子藏身的训练营的具体位置。戈文德还建议给参加行动的突击直升机涂上巴基斯坦空军标志以迷惑敌人，并加强边境地区的炮击以分散敌人的注意力。此时维汉领导的突击队已经开始训练，这也引起了巴基斯坦方面的怀疑，但最终巴方没有理睬印度这一系列迷惑行动。

第五章，2016 年 9 月 28 日晚，维汉率领的突击队乘坐直升机来到巴控克什米尔地区的边境线。突击队在开始打击任务前，发现新情报，巴基斯坦在穆扎法拉巴德区部署了"AWAC"地对空导弹系统，突击队的直升机无法越过印方实际控制线。于是突击队临时决定降落在控制线上，徒步秘密潜入巴控克什米尔一方。计划成功，维汉成功杀死了乌里袭击的发起人伊德里斯和贾巴尔，剩下的恐怖分子也被突击队其他队友杀死。在返回途中，突击队遭到附近巴基斯坦机枪掩体和巴空军直升机的猛烈打击，所幸他们遇到印度空军中尉塞拉特的帮助，成功穿越克什米尔印度一侧的实际控制线，完成了任务。

国情背景

一、印度军事体系

印度拥有悠久的军事历史，可以追溯到几千年前。早期的"吠陀"经典以及史诗《罗摩衍那》中已有战争的描述。那时的步兵一般以射箭和武术为主。

海军方面，《梨俱吠陀》有公元前 1500 年海军远征的记载。17 至18 世纪，印度马拉塔海军舰队已是印度大陆最强大的海军，曾多次击败欧洲舰队。19世纪中期,印度正式成为英国殖民地。其时有英属印度海军,直接控制了印度近一个世纪。英国对海军中的印度籍军士有着严重的歧视,1928年才有第一个印度人以工程师身份获授中将军衔,1947年印度独立之前,一群印度籍水手以抗议军队歧视为由,发动兵变,并获得印度全国广泛支持,包括陆军和空军。

（一）现役部队

印度陆军是世界上现役人数最多的陆军,完全属于志愿役。印度海军拥有67 000人,其中有5 000名海军航空兵和2 000名海军陆战队队员,是世界第五大海军。印度空军成立于1932年10月8日,1945年二战期间,正式进入战场作战。自独立以来,印度空军已参加了三次印巴战争。除了冲突对抗,印度空军还一直积极参与联合国维和行动。[1]

海陆空三军之外,印度武装部队还包括印度海岸警备队,其使命是守护印度的海上利益。印度海岸警备队成立于1978年8月18日,组织形式类似于其他的印度武装部队,由国防部指挥。

除了武装部队,印度还有准军事部队,由阿萨姆步枪队、特别边防部队、中央武装警察部队三部分组成。印度准军事部队有现役人员129.3万人,是世界上最大的准军事组织。

（二）指挥体系

印度武装力量总部位于新德里（印度首都）。印度总统担任武装部队的最高统帅;以印度总理为首的联合政府服从于武装部队,负责行政事务;国防部负责所有的军事行动,以确保打击叛乱和维护国家安全。

（三）军费预算

近年来,印度政府公布的年度预算显示,国防开支占国内生产总值的比重呈下降态势。但在斯德哥尔摩国际和平研究所（SIPRI）2019年发布的报告中,印度国防预算已上升至711亿美元,超过俄罗斯,成为世界第三大军费开销国。

---

[1] 陈利君:《印度投资环境》,云南人民出版社,2015年,第34页。

（四）国防工业

印度是武器进口大国，但同时，其自身也具备齐全的国防工业体系，在某些军工领域，甚至处于全球领先地位。1999 年，印度开始实行弹道导弹防御系统计划。

1974 年 5 月，印度陆军负责在拉贾斯坦邦进行首次核实验——微笑的佛陀。第二次核实验则是在 1998 年。印度逐步建立起自己的核力量。印度也参与国际出口管制建制、导弹科技管制建制和《瓦圣纳协定》，并且是《澳洲协定》的成员国，它已经签署并批准了《禁止生物武器公约》和《禁止化学武器公约》。印度同时也是《海牙行为准则》的签署国。但是，印度既没有签署《全面禁止核试验条约》，也没有签署《不扩散核武器条约》，认为两者都是有缺陷性和歧视性的。

印度在 2009 年主动销毁了所有化学武器的库存。另一方面印度对核武器的态度也偏向保守，坚持"不率先使用"的核政策，并正在发展"三位一体"能力，作为其"最低可信威慑"原则的一部分。

二、莫迪政府的军事改革

莫迪政府第一任期的军事改革颇具特色，并未在一开始便明确改革的具体思路，提出一揽子改革方案，而是在改革实践过程中逐步摸索与深入，呈现出明显的由表及里、由浅入深的特征。

（一）军事制造与采购

印度国防部的军事研发和生产水平较为落后，军队的高端武器和装备严重依赖进口。印度在 2008—2012 年和 2013—2017 年两个五年蝉联世界第一大武器进口国称号，进口额约占全球军贸的 12%。莫迪政府为军工产业注入新思维，将"印度制造"战略引入军工研发、采购和制造领域，主要有国内和国外两个方向。莫迪政府将军工产业向外资开放，为此印度政府承诺增加军工产业的透明度和友善度。2016 年，印度国防部出台新修订的国防采购流程，明确为国外资本亮绿灯，将外资在印度军工生产企业的最高股份占比提升至 49%。在此政策鼓励下,以色列武器制造商拉斐尔先进防御系统公司同印度阿斯特拉微波公司合资创建阿斯特拉-拉斐尔通信系统公司,主要为印度军队提供高科技的电子通信系统设备。

(二)陆军改革

军队改革首先从规模最大、战略位置最为显要的陆军开始,共分为两个阶段。第一阶段改革始于 2017 年 7 月,重点针对陆军的基层军事单元,包括裁减非战斗单元;重组陆军各级军械维修梯队;优化包括无线电监测部队、空中支援信号部队、复合信号部队等在内的信号部队;简化库存控制机制;优化对供应和运输梯队以及动物运输部队的使用。

在第一阶段改革措施即将实施完毕之时,2019 年 3 月,印度国防部宣布政府关于第二轮陆军改革的决定。此轮改革主要针对陆军高级军官,对陆军的指挥体系进行大规模调整。第一项举措是从陆军司令部调离 229 名军官,将其重新部署到印度与中国和巴基斯坦接壤的边境地区前沿部队。被调离的军官主要是少校及以下军衔,其数量约占陆军司令部军官总数的 20%,此举意在减轻陆军司令部军官扎堆、机构臃肿的弊病,同时加强印军一线作战部队的指挥和作战能力。第二项改革措施是设立负责战略事务的战略副参谋长一职。该职务主要负责军事行动、军事情报、战略规划和后勤四个主要领域的工作,此前以上四个领域的主管直接向陆军参谋长汇报工作,该职位在一定程度上分担了陆军参谋长的工作负荷。第三项措施是建立军方反腐败机构和人权机构。新的反腐机构将由一名少将担任主管,直接接受陆军参谋长的领导,以改变当前多重监管且群龙无首的局面。人权机构同样由少将级别的军官担任主管,在陆军副参谋长的领导下开展军队内部关于侵犯人权的调查工作。

第二阶段改革与之前改革的不同之处在于它是有计划、按步骤进行的,改革措施由易到难,且改革力度之大被媒体冠以“独立以来最大规模军事改革”的称号,体现出领导层改革的决心。

（三）军事学说

军事学说是军方所奉行的一系列基本的理念与观点，它们确定了军队应对国家安全挑战的途径，以及如何运用武力赢得战争的方式。在莫迪政府第一任期中，印度的军事学说同过去相比发生了较为明显的变化，主要有三点体现。首先，印度军方首次公开发布三军联合军事条令。在莫迪政府之前，印度陆海空三军分别起草和发布各自的军事条令，相互之间并无协调。2017年4月，印度国防部发布《印度军队联合条令》，从国家安全概念、冲突领域、军事力量工具、高层军事机构、一体化结构等方面阐述印度军队作为一个整体的立场与观点。《印度军队联合条令》着重强调了陆海空三军在军事行动、军事规划、情报信息、军事训练、军事采购等方面实现一体化的目标，逐渐改变过去三军在军事领域各自为战的局面。《印度军队联合条令》尽管篇幅非常精简，甚至许多方面的阐述流于表面，但作为印度军队向现代化转型的首部联合军事条令，它的意义颇为重大。

其次，陆军在2018年12月发布新版《陆战条令》，对战争威胁来源、应对方式和军队建制做出新的调整。新版条令提出双前线作战的设想，同时主张采用外科手术式的方式惩戒对手以达到威慑的目的。为此，条令提出扩大特种部队在威慑体系中的作用，通过迅速、有限且集中的军事打击回应代理人战争。

更为重要的改变在于陆军对军队编制做出关键的变革。《陆战条令》提出陆军将改变军队编制，建立一体化战斗群①。一体化战斗群的规模和兵种结构并不固定，主要根据部署的地理环境和安全环境而定。按照规划，首批一体化战斗群将部署于印度与巴基斯坦和中国接壤的边境地区，并逐步向整个陆军推广。现代战争对军队的机动性和灵活性提出了很高的要求，传统的师级单位在指挥动员和作战行动速度上远远落后于五脏俱全的合成旅，纵观全球军事发展轨迹，主要军

---

① 每个"一体化战斗群"约有5 000名士兵，并且永久性部署有配比不同的步兵、坦克、火炮、防空和信号力量、工程师以及其他各类部队。

事大国都先后完成了"师改旅"的编制调整。印度陆军进行类似建制调整可谓是顺应了军事现代化的潮流,展示了陆军作战思路的调整。

最后,在安全事务上,莫迪政府改变了过去被动防御的国防政策,在边境地区采取进攻性姿态。另外,面对跨境武装袭击,莫迪政府积极采取跨境打击的方式,通过外科手术式的军事袭击惩戒对手。2015年6月,印度陆军在曼尼普尔邦遭到大本营位于缅甸境内的反政府武装伏击。作为报复,印度陆军派出伞兵越境进入缅甸对反政府武装营地实施打击。2019年2月,印度空军发动自卡吉尔冲突以来最大规模的军事打击行动,派出12架幻影2 000战机和多架预警机进入巴基斯坦领空对地面目标进行轰炸,两国关系骤然紧张。一系列越境打击事件反映了莫迪政府应对境外军事武装的新特点,即给予对方毁灭性打击以威慑对手。

(四) 战略规划

军事战略是军队建设最关键的要素之一,是印度军政之间矛盾最深的领域之一,也是莫迪政府军改最后的着力点。印度实行军政分离的治军模式,文官负责战略的制定,军方负责执行政策。印度军方设有负责长期军事规划的机构,起草并向政府提交中长期军事发展计划,但军方的发展方案极少被文官批准。因此,在政治层面安全战略长期缺失的情况下,印度军队建设一直在缺乏明确的战略指引下进行,军种之间的战略规划、武器系统、军事学说相互不匹配,导致大量的资源浪费,有学者曾将其概括为"漫无目的武装"。

在这种情形下,莫迪政府于2018年4月组建国防计划委员会,该委员会主要负责起草国家安全战略和学说,制定参与国际防务合作的路线图,指导武装部队能力建设优先发展的方向,完善既有国防体系。国防计划委员会有4个分支,分别负责政策与战略、计划与能力开发、防务外交以及国防制造系统。除此之外,委员会还负责评估国防采购和基础设施建设计划。①

---

① 参见杨路:《莫迪政府的军事改革》,《国际研究参考》2019年第11期,第28—35页。

附 录 **电影推荐及剧情概要**

1.《法庭》

该片曾获第71届威尼斯电影节地平线单元的最佳影片奖。电影主要围绕孟买下水道工人尸体被发现一事展开。在确定凶手的过程中，民间歌手高龄被捕，其罪名是他所创作的歌曲具有自杀诱导性。随着该案件不断发酵，警方抽丝剥茧，案件背后疑团不断被揭开。该片以无稽荒谬的情节和对白，讽刺了印度社会中所谓的"法治"其实是人治的现实。影片中不停穿插几位主角法庭外的生活，暗示了几位主角的阶级不同，兴趣不同，观念也不尽相同，从而审视了不同的家庭背景与阶级观念将建立不同的价值观，成就不同的社会。

2.《我的名字叫可汗》

该片讲述了一个生活在美国的印度人的故事。911 事件后，美国国内掀起了反穆斯林的风潮。而电影从一个普通穆斯林的角度去直面美国反伊斯兰教的风潮。主人公用他执着、单纯的行为证明了不能因种族、信仰去判定一个人的本性，而是应该去实际了解。

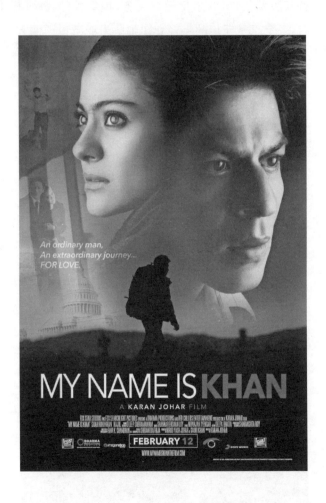

3.《爱无国界》

该片讲述了一位印度空军救援飞行员维尔救下了一名巴基斯坦的美丽女子扎拉，两人因此次事件而互生情愫，但却因政治和宗教的鸿沟阻隔，始终难以走到一起。在爱情长跑过程中，维尔甚至还因间谍罪锒铛入狱，身陷囹圄二十二年。在此期间，扎拉带着女佣来到了维尔家乡替其照顾父母，并承担教育义务，担任教师，教育村中孩子。二十二年后，一个巴基斯坦的年轻女律师萨米亚听说了两人凄美而执着的爱情故事后，决心要解救维尔，并帮助二人修成正果。

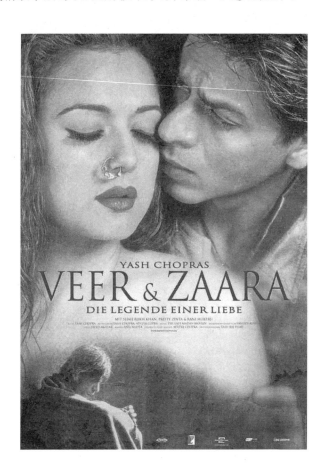

4.《总督之屋》

该片讲述的是 1947 年蒙巴顿被英国政府指派为印度总督后的故事。蒙巴顿来到印度后，面对的是历史大变局，个人的爱恨情仇、民族的动荡不安都纠缠在这位英属印度的末代总督家内外。蒙巴顿在任期内公布了著名的"印巴分治"方案（《蒙巴顿方案》）。方案公布后，其家中也围绕"分治方案"而分出了英国统治者、印度教仆人、伊斯兰教仆人和锡克教仆人，他们之间陆续发生了一些事件。

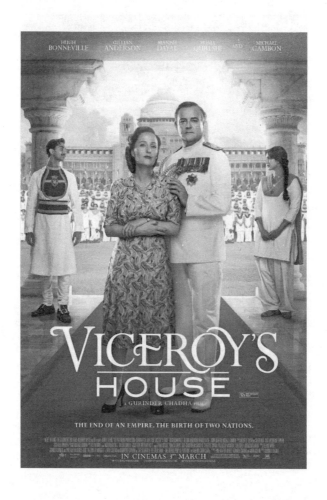

5.《大地》

该片曾荣获 1999 年奥斯卡最佳外国语电影提名，讲述了在印巴分裂的大环境下，一名印度教女子和两位穆斯林男子之间充满血腥和残忍的爱恨情仇。印度女性导演迪帕·梅塔想要借助该片，表达印巴分裂不仅仅是这三人之间的永痕伤疤，更是两个国家之间挥之不去的永痕伤痛这一浓厚的政治意义，以及对于印度社会的深刻反思。

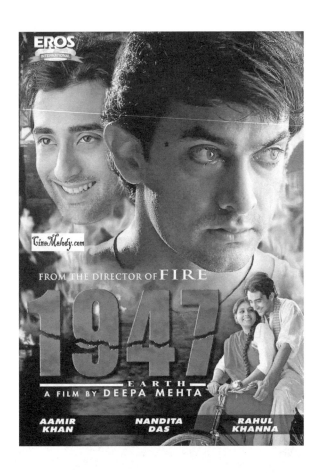

第五章

丰满理想与骨感现实的对照

——电影中的印度社会

第一节 《起跑线》与印度教育体制

主讲影片

《起跑线》

《起跑线》是萨基特·乔杜里执导的剧情片，由伊尔凡·可汗、萨巴·卡玛尔等主演，于 2017 年 5 月 19 日在印度上映，2018 年 4 月 4 日在中国上映。该片讲述了一对新富的印度中产阶级夫妇拉吉和米塔，为了让女儿皮娅接受最好的教育，费尽心思让她进入首都德里顶级学前教育名校的故事。

片名也译为《可怜天下父母心》。影片中夫妻二人经历了连夜排队报名、高价购买学区房、假装上流人士等戏剧性的事件，闹出不少笑话。他们认定"知识改变命运"，"不能让孩子输在起跑线上"，不惜一切代价都要为孩子争取求学的机会，引起观众的强烈共鸣，让人大笑之后不禁深思。

当拉吉夫妇的报名一次次被拒绝，他们仍然没有放弃。了解到政府为了体现教育公平所制定的 RTE 法案，规定了包括私立学校在内的每所学校，必须留 25% 的入学配额给贫困学生，他们又举家搬到贫民区。和绞尽脑汁努力融入上流社会一样，他们在贫民区的格格不入也带来很多笑料，从侧面反映了印度社会巨大的贫富差距。

影片的结尾再次转折，拉吉夫妇利用假资料终于获得贫困生入学指标，但他们决定把孩子送到公立学校。在直面一系列教育不公、贫富悬殊的问题后，他们意识到教育的本质不是功利和虚伪，读私立学校并不一定意味着赢在起跑线，树立正确的价值观才能拥有光明的未来。

国情背景

一、印度教育体制

印度是一个人口大国，在 20 世纪 90 年代人口普查中，7 岁以上人口中文盲占比接近 50%。一方面，印度的高等教育和初等教育发展非常不平衡。印度政府推崇"精英教育"理念，希望借助金字塔顶端的

"精英"带动平民整体素质的提高。因此政府对高等教育特别重视，尤其是数理、医学和信息技术学科。自建国初期，印度政府就成立了"大学委员会"，专门负责印度高等教育的发展。除此之外，政府对高等教育的经费划拨也远高于初等教育。相较于高等教育得到的政策支持，一些公立初等学校的教师由于缺乏激励机制甚至常常旷工，教学质量也无法得到保障。

另一方面，教育不公平现象也是印度社会等级制度的外在体现。能够从小接受优良教育的孩子往往来自于印度的上层阶级家庭，他们说着标准流利的英语，进入印度全球闻名的大学，成长为商界、政界的杰出人才。与之相反，底层家庭的孩子无力支付私立学校的费用，在公立又学不到什么知识，往往辍学打零工以贴补家用。即使穷人家的孩子能够上学，所接受到的教育的质量也远远低于私立学校。由此可见，贫困家庭容易陷入这样的恶性循环，孩子因为缺乏教育资源而无法得到发展，不具备学习和改变未来的能力将使他们的家庭继续陷于贫困。

影片中提到的 RTE 印度义务教育权法在 2009 年 8 月 26 日完成了所有的立法程序，2010 年 4 月 1 日正式生效，这部法律明确 6 到 14 岁的儿童拥有免费接受初等教育的权力；同时要求每所学校都要留出 25% 的入学名额给贫困学生。但是公平并不容易，围绕这一条款的争议很多，比如具体哪些弱势群体可以利用这一条款，学校应该如何落实，以及教师如何应对课堂的多样性等。

值得注意的是，在学前教育至初等教育期间，不接受任何政府补贴的私立学校也要拿出 25% 的学位分配给弱势群体的儿童，且学校不得向学生收费。换言之，私立学校同样要承担起国家无偿义务教育的责任，以促进社会的平等和包容。但是在实施 RTE 贫困生指标后，很多私立学校并没有强烈的意愿响应这一政策，反而设置了很多复杂的招生标准，给贫困生的报名造成障碍。另一方面，如同影片中的家长为了送孩子进私立学校，利用假资料骗取贫困生指标的情况也并非个案。

印度著名学府德里大学

二、印度教育问题成因

近年来，印度政府在解决教育公平问题上不断探索和改进，逐步形成了特色较为鲜明的教育治理体系，但是在实践中仍然面临着不少挑战，原因主要有以下几个方面。

（一）地区之间治理水平不均衡。由于印度国土面积大，各邦和地区之间发展水平差异也大，教育政策从制定到落实的效果并不尽如人意。也就是说，印度的教育体系门类虽然比较齐全，但是各地各部门在治理过程中并不平衡。从全国范围来看，印度中央政府在初级教育的管理上比较放任，造成基础教育大大落后于高等教育。

（二）管理部门之间权责不清。从目前印度的分权情况来看，受政党、社会等复杂因素制约，中央和地方政府在管理教育过程中尚有分歧，各级管理部门之间权责模糊的情况并不少见。以影片中的RTE法案为例，这一法案使基础教育成为一项基本权利，但是实施中无论是制度架构还是经费投入都没有得到统一的保障。各地方政府对于教育的财政投入并不一致，也并非每一个邦都设置了地方专员负责监管这一法案的实施,参与治理的部门之间不仅未能通力合作甚至存在争斗的紧张关系,种种内部矛盾都影响着教育治理的成效。

（三）治理过程难以深入。教育政策的实施一般可从议题的设置、架构、执行、核查等方面进行系统评估,以进一步调整和促进政策的落实。但印度目前的实际情况是重视中央的计划,但忽视地方的反馈。由于中央政策的笼统传达无法满足地方实际的差异性需求,造成各地方政府难以深入落实教育治理。

（四）监察机制不完善。督导和监察是教育治理的重要环节,中央及各邦行政部门对学校的视察和监督有助于了解教育制度是否适应社会和是否具有成效。上级部门的督导监察不到位,导致基层容易出现"头痛医头,脚痛医脚"的问题,因此印度社会中长期存在的教育不公平现象无法得到根本改善。[1]

三、印度教育的发展前景

印度的教育体制是一个非常宽泛的概念,教育问题的表现形式多样。自独立后,印度政府在教育立法领域取得了一定成绩,确立了以宪法的教育条款为主,各项全国性专门法和各邦法律为辅的印度教育治理原则。这些推动印度国家教育治理,保障公民受教育权利的探索和实践,反映了印度教育未来的发展方向。

首先,坚持以法治为导向的教育治理格局。印度国内已形成宪法、专门法及邦法律三者结合的完整的政策和法律体系,为各级各类教育事务的开展提供了法律依据,奠定了治理的基础,也影响着教育治理的发展方向。印度宪法中对基本教育政策的表述立足本国国情,涉及教育公平问题的方方面面,包括免费初等义务教育、妇女教育、弱势群体教育,以及少数民族创办及管理教育机构等。各级政府和相关

---

① 参见王建梁、赵鹤:《从"管理"到"治理":印度独立以来教育治理的演变、特色及问题》,《华中师范大学学报(人文社会科学版)》2019年第4期。

部门要坚持依据相关教育法律法规行事，以确保教育目标的实现。

　　其次，完善教育体系，提升教育质量。宪法作为印度的根本大法，规定了教育治理的基本原则，明确了中央与地方的治理权限。目前，印度教育行政管理形成了中央、邦、地方和学校四级教育行政网络。其中，中央教育行政部门作为国家一级主管教育的工作部门，承担了颁布、推行教育计划及改革，制定各级各类教育治理政策的重要职责；邦教育部作为邦内主管教育的行政管理机构，承担着联系中央与地方的桥梁作用，负责与邦内其他部门共同推动教育治理，协助政府制定和落实各项教育政策；邦级以下的地方教育行政主体由县教育委员会和县学校委员会负责，其职权更为广泛和具体，比如制定和实行全县的普通教育计划，直接承担对学校的管理，负责教学场地的修建和教学设备的提供等。除此之外，还需要社区、企业、非政府组织和民间的社会力量发挥各自的作用，丰富完善教育治理系统，一起服务于印度教育的发展。

　　再次，增加经费投入，提供教育保障。印度政府在加大公共财政对教育经费投入的同时，鼓励大学实现多元化的经费来源，比如接受慈善性质的捐赠和赞助，允许大学开办附属企业等。通过增加办学经费，改善办学条件和教学基础设施，提升教师福利待遇，完善教育发展的保障性措施，努力缩小不同地区院校之间的差距。

　　最后，印度作为一个联邦制国家，政党宗教派别林立，种姓制度等级森严，国内矛盾错综复杂，都是教育不公平问题的根源。随着教育立法的不断完善，通过教育体系的有效运转，印度各级教育部门权责将进一步明晰，整体教育质量有望逐步提升。

第二节 《印度有嘻哈》与 印度贫困现象

主讲影片

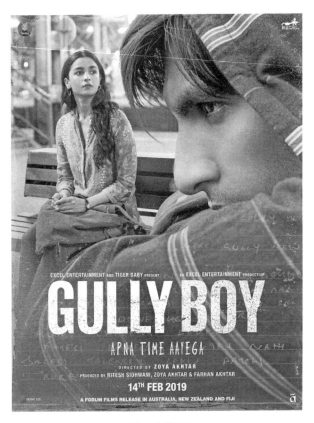

《印度有嘻哈》

这是一部由卓娅·阿赫塔尔执导的音乐电影，由兰维尔·辛格、阿莉雅·布哈特主演，于 2019 年 2 月 14 日在印度公映。 该片讲述了生在贫民窟的 22 岁青年穆拉德违背父亲希望他成为白领的期待，决心成为说唱歌手的抗争生活的励志故事。

影片描述了贫民窟底层人民的生活现状。 印度贫困人口多，贫富悬殊大，剧中贫民窟的房子都相互紧挨且面积狭小，几十平的房子居住着一家十几口人。 屋外环境更是脏乱不堪，建筑垃圾和生活垃圾到处都是。 主人公穆拉德除了要应付大学生涯的最后一年，还要兼职挣钱和承担家庭生活压力，他所生活的孟买贫民窟就是印度贫困社会的缩影。

幸运的是，穆拉德在青梅竹马的女友支持下，通过说唱音乐打开了新的世界。 影片中的音乐很动听，人物虽不是励志片中常见的完美主角，但因为真实而动人。 比如女主角出身于一个保守的高种姓家庭，她机敏无畏，敢爱敢恨，又不得不对严厉的父母隐瞒自己的感情。 对于这对身份悬殊的年轻人来说，自由恋爱也是奢望。 在影片中，音乐不只关乎梦想，也关乎贫富分化、阶层桎梏、青年现状等社会问题。

该片的英文名直译为中文是"沟壑男孩"，反映出印度贫民窟的青少年生活在大城市的沟壑中。 他们为生活苦苦挣扎，但又有蓬勃的朝气和无限的生命力，从他们身上折射出印度充满潜力的未来。

一、印度贫困问题

印度是世界主要粮食出口国，煤炭和铁矿石储量也相当丰富，位居世界前列。1947 年印度独立之时，英国人留下的铁路通车里程超过 5.3 万公里，印度铁路的建设水平和繁忙程度当时处于世界前列。21 世纪初期，印度经济增长率曾逼近两位数，一度成为经济发展的神话。2016 年，印度宣称自己的经济总量已超过英国，成为世界第五大经济体。2017 年的莱坊财富报告显示,印度的亿万富翁占全球的 5%。作为全球成长最快的新兴经济体之一,印度的经济发展模式及运行状况一直吸引着全球各界的关注。

然而在保持经济高速增长的同时,印度仍然是全球最贫穷的国家之一。印度独立 70 多年来,新修铁路只增加了 1.3 万公里,设施老化陈旧,国家基础设施建设进度缓慢。20 世纪 90 年代,印度的贫困人口为 2.75 亿,占总人口的三分之一。以世界银行人日均 1.25 美元的贫困线标准,印度至少有两亿人处于贫困中,有 7 300 万人属于极端贫困。如果以人日均 3.2 美元为贫困线,则印度至 2018 年仍有 4 亿贫困人口,占世界总贫困人口的 40%。[①] 正如影片中所展现的城市脏乱不堪,农村凋敝衰落,流浪者无处不在,贫民窟污水横流……底层人民生活的环境令人触目惊心。

根据世界银行报告,过去 20 年印度的人口自然增长带来的就业压力本身已经无法缓解,农林牧渔业中的中小微型企业的萎缩让其居高不下的失业率雪上加霜。劳动力市场的过度饱和往往意味着打工人将得到更低的薪酬与回报,因此底层民众愈加贫困。2021 年,新冠肺炎疫情使印度经济受到重创。据美国皮尤研究中心报告显示,疫情使印度贫困人口急剧增加,经济持续低迷,失业率继续攀升,底层民众的生活更加艰难。

由此可见,印度的经济成就有目共睹,但反贫困的速度与经济增长的速度不匹配,城乡差距和贫富差距还在不断扩大,大量人口处于贫困状态,造成了长期的社会问题。2015 年,世界银行发布了一份题为"消除极端贫困和共享繁荣:进步与政策"的报告,指出印度拥有世界上最多的贫困人口,而它的贫困线标准还是极端贫困国家中最低的。人民日报 2016 年的一篇报道指出,印度 1%的人口拥有全国一半以上财富,而全国一半以上的穷人仅拥有全国财富的 4.1%。贫富差

---

① 参见梁佳雯:《印度,缘何贫富两极化?》,《金融博览(财富)》2018 年 12 期。

距造成的社会发展不平等，已成为印度社会的巨大隐患，严重影响其国家经济发展的速度。[①]

二、印度贫困问题的成因

印度的贫困问题很大程度来源于长久的种姓歧视、落后的思想观念。穷人往往接受现实，安于现状。贫困带来了更深层次的社会问题，比如贫富差距加大、贪污腐败盛行和男女地位失衡等等。造成贫困问题的原因主要有以下几个方面：

（一）种姓制度的影响

几千年来婆罗门教的种姓制度固化严重，无论是佛教、耆那教[②]还是后来的伊斯兰教文化都难以对其造成冲击。在学校教育方面，尤其在乡村学校，低级种姓学生被迫与高级种姓的学生隔离而难以享受平等的教育资源；在求职方面，高级种姓者与低级种姓者相比，有约定俗成的录用优先权；种姓制度也和职业类型密切相关，高级种姓家族的子孙后代可以承袭家族职业，而低级种姓阶层更有可能从事农业生产；婚姻方面同样深受影响，种姓制度规定只允许阶层内的婚配，不允许不对等种姓间发生婚姻关系。虽然印度宪法明文规定不能有种姓歧视，随着现代社会的发展，阶层之间也有所松动，但是种姓制度影响下的社会文化根深蒂固，低种姓者往往一贫如洗，并且无力改变命运。

（二）土地改革不彻底

印度经过几十年的土地改革取得了一些成效，最大的成功之处在于废除了柴明达尔[③]制度（即印度政府通过中间人柴明达尔向农民征收田赋的一种土地制度），一定程度上打击了大地主，使部分农民获得

---

①　参见苑基荣：《贫富悬殊阻碍印度社会发展》，《人民日报》2016 年 11 月 2 日，第 21 版。

②　耆那教是印度传统宗教，创始人为大雄。

③　"柴明达尔"在印地语中意为"地主"。

了土地,提高了他们的种植积极性。然而印度土地改革中的不足和弊端也很明显,土改的效果不如预期,地主仍然掌握大量土地,经济地位撼然不动,旧有的土地关系未能改变,农民获益极为有限。20世纪70年代初,50%的人口拥有全国80%的土地,而在农村中,1%的地主占有13%的土地,广大农民仍然处于无地或少地状况中。截至2010年,农民少地无地现象仍然普遍,土地集中问题仍然严重,多达84.9%的农民只拥有2公顷面积以下的土地,共占全国土地份额的44.4%;与此相对应的是,占农村人口4.9%的富裕农民却占有全国31.8%的土地。印度贫困人口主要集中在农村,遗憾的是土地改革未能改善农村贫困状况。

(三)英国的殖民统治

早期西方国家在印度进行激烈的殖民争夺战,英国凭借强大的经济和军事实力成为最终赢家。英国从1757年开始逐步征服印度次大陆,殖民统治近200年,印度农业文明在工业文明的冲击下经历了前所未有的变化。这种变化是双重的,一方面英国在印度的殖民统治具有一定的建设性,即英国先进的资本主义制度对印度落后的封建制度起到一定的瓦解作用;另一方面这种建设性也非常有限,英国殖民统治下的经济掠夺与剥削是造成印度贫困的另一历史原因。

(四)经济发展失衡

印度独立后为摆脱工业落后面貌,制定了优先发展工业的计划。国大党执政的几届政府都奉行这一政策,在短时期内改变了印度工业极端落后的状况。但是产业政策的倾斜导致了工农业发展失调,其结果是工业虽有所发展,但农业长期落后,工业增长部分不得不用于农业投资,导致工业再生产资金不足。由此引起的工业发展迟滞又造成大量农村剩余劳动力无法向工业转移,这一系列连锁反应造成印度失业人口剧增。[1]

---

[1] 参见张文凤:《印度的贫困问题:源与流》,云南大学硕士学位论文,2019年6月。

三、印度的反贫困努力

印度独立后,历届政府为反贫困做了许多努力。独立之初,印度政府认为只有经济增长才是解决贫困问题的重要手段,因此制定的五年计划主要致力于经济增长、消除贫困和提高生产力。直到 20 世纪 80 年代,政府开始重视改善穷人的营养、医疗卫生、教育等条件。20 世纪 90 年代,印度政府继续延续前一阶段的减贫政策和措施,并在此基础上开发新的扶贫项目。2005 年以后,印度政府开始制定"包容性增长"战略,主要通过增加生产性就业和健全社会保障等方式将经济增长的成果向贫困人口转移,从而促进社会公平和谐。

莫迪政府组建后,面对的贫困问题比之前的任何时期都更为复杂。新时代的贫困度量标准提高,贫困问题的解决已超出经济范畴。因为新时代的脱贫不仅仅是收入增加、基本生活需求得到满足,而是诸如经济、政治、社会等权利得到实现和保障。面对变得复杂的贫困问题,莫迪政府通过对扶贫的方式进行调整,继续减少经济贫困。政府推行了"科技兴农""印度制造"等战略,试图改变农村和贫民窟的贫困落后。2014 年和 2015 年还分别掀起"厕所运动""数字印度"等活动,提倡城乡环境卫生改善和城乡科技服务。2016 年政府开始实施"印度创业"计划,通过鼓励国民自主创业,畅通申请创业的手续办理,并给予税收优惠,减轻国内就业压力。总的来说,印度反贫困工作经过多年的努力,取得了一定的成效,经济高速稳定发展也为反贫困提供了有力支持。

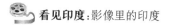

第三节 《巴萨提的颜色》与 印度腐败问题

主讲影片

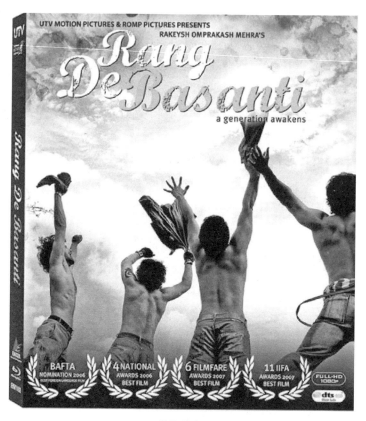

《巴萨提的颜色》

该片是由拉基什·奥普拉卡什·梅赫拉导演及编剧的电影。 由阿米尔汗、赛达斯、沙尔曼·乔什、库纳勒·卡普尔等主演。 影片讲述了几个德里大学的学生通过拍摄 20 世纪初期印度革命者反抗英国殖民统治的电影的过程，从继承革命理想走向反抗政府腐败之路的故事。

　　影片的背景是一位镇压过印度革命的英国军官，他被印度革命者视死如归的精神感动，留下了一本记录当时情况的日记。 多年后这位军官的孙女偶然翻到爷爷的日记，也被那个流血年代中的革命英雄所感动，于是来到印度拍摄电影，纪念这些为了国家奋不顾身的人们。 她选择了阿米尔·汗饰演的 DJ 等五个年轻人做演员一起拍电影。 虽然印度国内人口激增、高失业率、腐败现实等让他们对未来失望，但他们青春热情，无所畏惧。

　　直到有一天，他们的朋友飞行员阿贾因飞机坠落逝世。 事故原因是政府官员与商人勾结，贪污腐败，在飞机上使用了残次品零件。 即使已导致 100 多起飞机事故，国防部长仍坚称这是飞行员的责任。 为民牺牲的英雄成了罪人，从灰色交易中获利的高官和商人却逍遥法外。 阿贾的朋友们联合大学生游行以寻求真相，但政府派出军队镇压，殴打参加游行的民众，死伤惨重。

　　面对糟糕的体制和残忍的现实，这群年轻人谋划刺杀了国防部长。 但是印度政府没有公布真相，却把国防部长塑造成一个国家英雄。 几位年轻人闯进电台，向全国人民承认刺杀国防部长的事实，控诉了国防部长的恶行，引起民众哗然，他们也最终倒在了密集的子弹下。 这部影片选择了敏感的政治题材，直面国家腐败问题，融合青春、历史、情爱等多种元素，表现了新一代革命者为捍卫真相血祭青春的勇气和热忱。

一、印度的腐败问题

腐败是印度社会中的顽疾,贪污受贿、挪用公款和敲诈勒索等渗透到政治、经济和社会生活的方方面面。据"透明国际"2005年的调查显示,印度超过60%以上的家庭通过行贿获得政府提供的公共服务,80%的公民认为警察和司法部门存在腐败现象,77%的人认为腐败现象正在上升,47%的人声称曾向律师或法院官员行贿。

以印度大选为例,贿选、欺选时有发生,政党为获得选民支持,变相行贿拉票已成必然。选民中占多数的是未受教育或受教育程度低的民众,他们的票选决定容易受到干扰,甚至其中很多人根本不知道选举的意义,手中选票常常被有钱人控制。

因为腐败,政府拨付的建设资金无法到位,印度的交通基建至今还十分缺乏,首都德里甚至没有一条达到国际水准的高速公路。由此可知,印度政府在大型工程建设和基础设施建设上执政低效。这些建设往往与民生息息相关,由于高层贪污腐败,底层人民的生活水平和生活条件长期得不到改善。

印度的贪腐问题在城市尚有媒体和公民组织监督,在农村地区因为缺少监管则更加猖獗。安得拉邦号称"世界粮仓",但该地区的农民反而忍饥挨饿。其原因主要是新德里严格控制的粮食分配系统下,掌管粮食分配权力的官员层层贪污腐败。如果不通过贿赂,居民们很难拿到领取粮食的票证,即使拿到票证,领到的粮食往往是以次充好的。由于没有合适的途径和严格的制度对贪腐的官员进行惩处,官员们更加明目张胆,普通居民却毫无办法。①

总之,印度国内腐败问题严重,贪污腐败现象层出不穷,案件所涉

---

① 参见《印度议员:政府效率低下原因不在于民主而在于腐败》,转引自:张文凤《印度的贫困问题:源与流》,云南大学硕士学位论文,2019年6月。

上至政府高官下至基层公务员，腐败率呈持续上升态势。在一些国际腐败调查组织的数据中，印度社会的清廉度往往靠后。在印度的民意调查中，印度公民多数认为政府和各部部长存在贪腐行为。2008年，印度爆出电信部长以低价销售运营牌照的腐败案，表明印度的政府高层涉及腐败问题的案件并不少见。

二、印度腐败问题的成因

印度腐败问题屡禁不止的深层次原因很多，反腐败效果不佳与国情的特殊性和复杂性息息相关。原因主要有以下几个方面。

（一）家族政治联姻。印度国内政党林立，多数政治集团都围绕或隶属于某一庞大家族。据2011年维基解密资料显示，印度西部地区的各级领导人三代及以上家族世袭的比例超过72%。这些背景强大的政治集团往往相互联姻，控制甚至垄断了选举，以政治权力获取经济利益，被底层人民称为"印度的癌症"。

（二）权钱交易，官商勾结。以国际货币基金组织IMF公布的全球购买力平价数据来看，印度是世界第三大经济体。在印度经济高速发展的同时，官员薪资微薄，国家监管不力，导致权力寻租的情况时有发生。

（三）反腐败机构惩处不力。印度从中央到地方，领导层对于打击腐败的意愿和决心不强。中央监察委员会作为印度最高的监察机构，也只是有权提议、无权惩处官员的监督机构。由于官员自己或身边人存在贪腐问题，多年来政府制定的反腐措施都较为软弱，政坛腐败的丑闻司空见惯。

（四）传统文化助长贪腐。印度社会问题的产生与种姓制度的等级划分、宗教信仰的容忍密不可分。印度社会文化中对腐败行为的容忍度较高，人们在办理大小事务时已"习惯"行贿，他们认为只有这样才能获得更为高效的办事效率，甚至将通过送礼赢得生意视为正当的竞争手段。①

三、印度的反腐败举措

多年来，印度政府实施了多项反腐败措施，建立起中央调查局、中央监察委员会等国家机关，颁布了《1988 年防治腐败法》《信息权法案》《公民监察法》等一系列监督惩治腐败的法律法规，构建了比较健全的法律体系，表明了政府反腐败的决心。②

自 1964 年印度成立中央监察委员会以来，该部门在指导各机构计划和执行监察工作中提出了大量建议。而中央调查局作为印度反腐败的另一个重要机构，下设侦察与反贪污部、经济犯罪部等 11 个部门，能够独立行使侦查权和起诉权，为调查全国范围内各级官员的贪腐案件和犯罪行为采取具体行动，取得了一定的成绩。最后，社会监督和参与也是治理腐败的重要力量。2000 年，印度中央监察委员会开通了网上举报专栏，受理公民在网上对腐败官员的投诉，推动政府部门及时处理和给予反馈。

2014 年，印度人民党候选人莫迪高举"反腐"和"扶贫"旗帜当选总理，上任之后采取了一系列反腐举措，使近年来印度廉洁程度有所提升。由于严重的腐败问题和持续不断的恐怖主义一直是印度多年来的顽疾，而二者都以大面额的现钞进行资金储备和流通，因此在 2016 年，印度政府希望通过推行"废钞令"打击腐败和"黑钱"。但是"废钞令"效果并不理想，还给民众生活带来极大不便，印度经济评论员称这是个失败的反贪腐计划。③

---

① 参见若德：《印度现代化进程中的反腐败困境》，https://www.ccdi.gov.cn/lswh/hwgc/201307/t20130711_121739.html.

② 参见张树焕、穆宏佳：《公民社会视角下印度反腐败低效原因分析》，《南亚研究》2015 年第 4 期。

③ 参见孟灿、张士昌：《激荡过后的反思：印度"废钞令"探究》，《牡丹江大学学报》2019 年第 9 期。

总的来说,印度反腐败立法相对完善,政府也采取了多项反腐败措施,甚至得到国际社会认可。但腐败现象积弊深厚,问题的解决不可能一蹴而就。印度政府在反腐倡廉的行动中还面临着很多阻碍,需要进一步动员整个社会的力量,提高执法的力度和监管的效率。

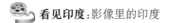

第四节 《水》与印度女性地位

主讲影片

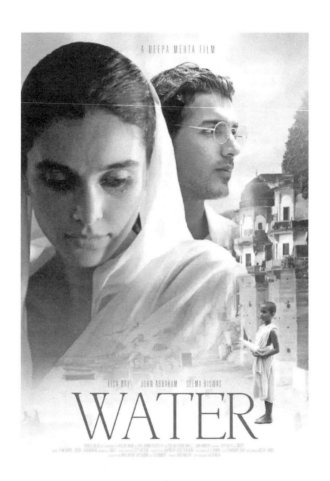

《水》

影片是印裔加拿大籍导演迪帕·梅塔的元素三部曲最后一部。这部电影的英文名就叫 Water，中文译名又为《祸水》，或者《月亮河》，即恒河。 影片讲述了 20 世纪 30 年代印度寡妇的悲惨处境，那时候的印度女性一旦丧偶只有三条路可走：火化陪葬、送到"寡妇之家"，或者嫁给丈夫的兄弟，她们被认为是不祥的象征。 居住在"寡妇之家"收容所的女性须削发守节，不能随意与外人接触，终生吃素，甚至不能吃甜食和油炸食品，直到慢慢老去。

故事从 8 岁小女孩楚娅的视角展开，她在父亲安排下嫁给一个年迈的男人，成为童婚的受害者。 后来丈夫死了，她又成为一个新寡妇，被剃发并送到"寡妇之家"。 在这里，楚娅认识了美丽的寡妇卡丽安妮，见证了她跨越阶级的爱情悲剧。 卡丽安妮有一天在恒河边遇见富家子弟那拉杨，他们互生情意。 但寡妇改嫁被认为是罪恶的，社会的偏见让两人不能走到一起。 年幼的楚娅不认为寡妇再嫁有什么不妥，于是她将卡丽安妮与那拉杨的爱情公之于众，引起寡妇之家的院长大怒，将卡丽安妮的头发剪了并把她关了起来。 卡丽安妮在那拉杨的鼓励下与寡妇之家决裂，准备与其结婚。 但是当她离开寡妇之家后，却得知那拉杨的父亲是曾经伤害玩弄过自己的贵族。 她毅然选择调头，试图回到寡妇之家，但是遭到拒绝，最后她无奈地踏入了恒河。

寡妇之家的另一位女性沙肯塔拉是一个虔诚的印度教徒，也是寡妇之家中女性意识崛起的代表。 她曾经和所有人一样尊重传统、信奉神明，但她做不到对这些偏见与压迫视而不见，一直无法与社会的种种不公和解。 当卡丽安妮的悲剧发生时，寡妇之家的院长打算继续培养楚娅接替卡丽安妮，以献身上流社会的贵族，周围的人都麻木旁观。 只有沙肯塔拉认识到寡妇制度的残酷实质，看到小女孩楚娅难逃被权贵玩弄的厄运，最后把楚娅送上远去的火车。

影片揭露了封建礼教给女性带来的伤痛，批判了荒诞的社会与寡妇制度。 片中隐含了女性意识的崛起，但是来自社会各方面的阻力重重，神圣的恒河水也洗涤不了精神上的封建和无知。

一、印度的女性问题

长期以来，印度的女性问题受到广泛关注。许多人权活动人士将印度冠以"对女性最危险的国度"之名，因为即使在现代社会，印度女性出门也可能遭遇不幸，比如性骚扰、强奸，甚至被杀害。寡妇的遭遇折射出印度女性的悲惨命运，影片的片尾字幕显示"截至 2001 年，印度有 3 400 万寡妇，她们的生活大部分与几千年前《摩奴法典》①所规定的没什么差别。与其说这是文艺片，不如说更像是纪录片，纪录一个我们看不见也触不到的、遥远的另外一个世界，可它是真实存在的。"由此可见，印度社会对待女性的观念非常落后，印度女性的生存状况令人担忧。

由于传统文化的限制和深厚的宗教习俗的影响，那些落后的观念处处为难女性，侵犯她们的尊严，贬低她们的价值，限制她们的自我发展。甘地与尼赫鲁的努力并没有让印度女性地位与寡妇制度有根本性的改变，无论是在家庭还是社会中，印度妇女都受到不公正对待。更可怕的是，人们的想法根深蒂固，性别歧视成为常态。印度妇女社会地位低下、难以掌控家庭经济收入、受教育程度低、就业机会少等等因素使得妇女地位的困境更加无法得到改变，形成恶性循环。

不少学术研究指出，印度社会的性别问题与种姓制度的确有千丝万缕的联系。早在吠陀时代，雅利安人创造出种姓制度，为保障种姓内的婚姻，女性开始受到制约。随着印度文明发展到新婆罗门教时期，一些支派促进了男性对于女性的性剥削。在这样的宗教和文化背

---

① 古印度有关宗教、道德、哲学和法律的法论，是印度古代法和印度法系中最具代表性的一部法典。

景下,产生了印度的"强奸文化"。① 长期以来,印度社会对于女性受到强奸的无视和对犯罪的宽容引起了世界范围的震惊和关注,让印度政府不得不开始正视女性的地位问题。

二、印度女性问题的成因

印度男尊女卑的现象由来已久,女性即便遭受不公平待遇,往往选择息事宁人,逆来顺受。究其原因,主要有如下三点。

(一)历史原因。印度的童婚习俗由来已久,《摩奴法典》规定,24岁的男子应同8岁的女孩结婚。其他宗教经典也提到,让女儿在发育之前结婚的父母,死后可以升天。不过导致童婚的最直接的原因还是经济,印度女孩出嫁时,娘家要付给男方一笔嫁妆,女孩越小付给男方的嫁妆就可以越少,因此在农村、山区等贫困地区盛行童婚。印度政府于1929年通过《禁止童婚法》,1978年把男女婚龄分别提高到21和18岁,但如果不从根本上解决贫困问题,童婚仍然会存在。② 除此之外,嫁妆带来的经济压力加重了农村重男轻女的思想观念,导致印度社会存在女婴一出生就被杀死的情况。女婴的持续减少,加剧了印度男女比例的失调,间接导致了印度社会强奸案件频发。

(二)封建传统。印度的性别不平等与父权至上的社会结构有很大关系。在传统的农业社会,男性有先天的体能优势,把握着生产与经济的主导权。因此在印度农村,重男轻女的情况非常严重。在一个家庭中,男性按照辈分有明确的长幼尊卑等级,但女性如同家庭的附属品,往往只能洗衣做饭、相夫教子度过一生,还有极大可能遭受家庭暴力。由于女性在传统价值观里地位低下,受教育的程度不高,也没有经济能力,进一步造成女性在反抗父权社会时缺乏力量。

----

① 参见陈义华:《"当代印度妇女研究热点问题"专栏导语》,《妇女研究论丛》2017年第2期。
② 参见付筱茵、段晓蒙:《隐忍与突围:迪帕·梅塔"元素三部曲"的女性创伤叙事》,《世界电影》2020年第4期。

（三）社会环境。在印度，对女性伤害极大的强奸案件频发，一定程度上源于印度的低定罪率和司法系统的缺陷。印度刑法规定强奸是不可保释的罪行，但是由于许多案件罪证不足，嫌疑人得以保释，甚至得到警察、律师的庇护而逍遥法外。另一方面，印度社会中针对女性的暴力常常发生在她们生活的周围，根据印度国家犯罪记录局2017年的统计，93%的强奸案是熟人所为，犯罪者可能是邻居、友人、雇主甚至家庭成员。这一现象在宗教、种姓制度影响的社会文化中没有得到足够的重视和反思，所以印度的强奸案件不仅仅是法律问题，更是社会问题。

三、印度改善女性地位的实践

印度独立以来，政府在改变女性地位的工作中做了大量的努力。一是在宪法中规定了女性和男性处于平等地位，废除一切歧视女性的条款，从法律上确保女性能够获得和男性同样的就业机会和报酬，把促进妇女发展纳入了国家的发展战略和总体规划。二是成立妇女工作组织，针对女性的生活状况、暴力事件、女婴流产等问题组织调查委员会等进行处置，以保障妇女权益。三是开展针对女性需求的服务，比如通过"法律意识项目""妇女经济项目"等计划为女性提供法律咨询、培训机会或者小额贷款，以提高女性综合能力，帮助她们摆脱贫困。[①]

由此可见，只有经过深层的社会态度转变，印度女性才能感受到更多的安全感。随着社会环境的发展，印度各界对女性意识崛起的推动作用不容忽视。近年来，印度政府通过多种媒体宣传方式正面引导和女性相关的话题，保障女性参政议政的权利，加大资助贫困和残障女性的经费投入，通过改变民众固有的传统思想，使女性地位有了明

---

① 参见蒋茂霞：《今日印度女性社会地位探析》，http://www.sky.yn.gov.cn/ztzl/yq30zn/zgwj/nyyjs/8083844325149865910.

显提升。

　　然而,即使印度已涌现出女性执政党领袖、女性下院议长、女性首席部长以及社会各界的女性杰出人物,也并不代表印度妇女在现实生活中受到的歧视和偏见已经改变。女性问题的现状虽得到社会多方的关注,但是如果广大女性不从自身意识上解放自己,女性地位就不可能得到根本的改善。总之,印度妇女的解放之路布满荆棘,平权运动的发展依然任重道远。

第五节 《第15条》与印度种姓制度

主讲影片

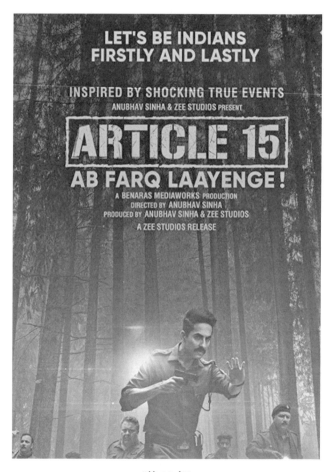

《第15条》

片名《第15条》即指印度《宪法》第15条：任何人不得因种姓、宗教、出生地而受歧视。影片根据2014年印度北方邦乌沙堤村庄发生的真实事件改编，直击印度底层社会黑暗的现实。随着三个少女失踪案的层层展开，种姓制度的罪恶和警匪勾结的黑暗逐渐被揭露，引发观众的强烈共鸣。

电影中，刚刚从欧洲留学归来的阿扬来到一个地方警局工作，在入职的第一天就目睹了一桩罪行。在小小的村庄里，三个低种姓少女因要求日薪增加3卢比，被工厂老板伙同警察轮奸，有两个被吊死在树上，还有一个下落不明。警察第一时间赶到案发现场调查，寻找可能有用的证据，但是因受害者父母是低种姓贱民，当地警察非但不准备查明真相，还肆意侮辱受害者父母。阿扬不敢相信21世纪的印度居然会发生这样惨无人道的事情，他在顺应传统种姓制度和坚持正义中选择了后者，誓要查明案件的真相，挑战传统种姓制度下的利益集团和黑幕。

影片中也隐含了贱民意识的觉醒，比如片中受害女孩提出加薪要求，负责尸检的女医生和阿扬手下的警察乍塔夫因得到政府给予低种姓群体的受教育名额而获得体面的就业岗位，他们对高种姓阶层的挑战引起了这些阶层的不满。

一、印度的种姓制度

种姓制度（也称瓦尔纳制度）是印度教的一大特征，这一阶级制度被冠以宗教之名而具有了合法性。种姓出现于古印度国家形成过程中，最初只有雅利阿和达萨两个种姓，之后又在雅利阿内部分出三个等级，即婆罗门、刹帝利和吠舍；达萨一般转为首陀罗，从而形成四大种姓。婆罗门、刹帝利、吠舍、首陀罗，这四大种姓代表着四种阶级。① 一般来说，婆罗门是祭司阶级，他们掌握了宗教仪式的主持等专门的宗教事务；刹帝利是贵族武士阶级，他们牢牢掌控军政大权；吠舍阶级广泛从事农、牧、工、商等职业，他们向国家缴纳赋税以供养前两个阶级；首陀罗阶级则从事农业、渔猎或者各种技艺，也可能沦为奴隶和雇工。在吠陀后期，印度社会出现了比首陀罗地位更低下的第五种阶级，即不可触碰者。这一阶层又称贱民或混合种姓、出生卑贱的人、住在村外的人等。他们处于社会的底层，不仅生存困难，还被强加一些侮辱性的限制，受到难以想象的无情剥削和残酷待遇。

古代印度婆罗门教的经典《摩奴法典》，其核心内容即维护种姓制度，并对各个阶层的日常生活、婚姻和职业做了详细的规定。种姓制度的主要特点有以下四个方面：（一）职业世袭。根据《摩奴法典》的记载，种姓的阶级是世袭的，并且各个种姓的社会分工生生世世固定不变。它宣扬种姓起源的神话，维护高种姓阶层的利益，认为一个人生来就必须按照本种姓的传统职业谋求生路。如果违反规定，谋求高于自己种姓的职业会被视为有罪，要依法典受到惩处。（二）种姓内婚制。《摩奴法典》被视为印度人生活的法规，包括实行严格的婚姻制度，禁止各种姓之间相互通婚。后来发展为允许"顺婚"，即高种姓的男子可以娶低种姓的女子为妻；但不允许"逆婚"，如果高种姓的女子嫁给低种姓的男子则会受到惩罚。（三）"再生族"与"一生族"。古印度社会的种姓制度还将人分为"再生族"与"一生族"，这种分类与"轮回"有关。前三个高级种姓属于"再生族"，表示经过宗教学习和修炼，下辈子能够投胎做人。而低种姓的首陀罗和贱民是"一生族"，不仅受到压迫和奴役，不被允许学习吠陀经典和参加祭祀仪式，也不被允许进入神庙，甚至下辈子不一定能投胎做人。（四）洁净和污秽观念。自古代以来，印度教徒就有严格的洁净观念，高种姓阶层为了维护自己

---

① 参见金永丽：《印度种姓制度的阶级阶层分析——印度社会分层的理论探索》，《鲁东大学学报：哲学社会科学版》2008 年第 3 期。

的崇高地位,重视身体和饮食的圣洁性,不接触不洁净的人,不吃不洁净的食物,不饮不洁净的水等。而低种姓阶层只能从事污秽的工作,比如猎人、屠夫、制革匠、洗衣匠、清洁工等,这些职业往往与死了的动物或人体的排泄物接触。低种姓阶层不能与高种姓阶层同桌而食,同室而居,高种姓者甚至不能从首陀罗和贱民手中接过任何食物。

种姓制度在印度历史上绵延了数千年,已经成为一种民族文化在印度社会根深蒂固,直到今天仍然影响着印度社会的发展和国民的观念。这种严格的种姓制度对印度社会的负面影响主要有:(一)阶层固化。种姓集团内形成一个个封闭的圈子,导致官商勾结,腐败滋生。(二)社会分裂。阶层和家族将印度社会分割为许多集团,造成一盘散沙,难以团结统一。(三)两极分化。高种姓阶层从小接受良好的教育,继承优越的职业,变得越来越富有;而低种姓阶层得不到受教育的机会,也无法从事好的工作,则越来越穷。长此下来,社会财富严重分配不均,低种姓民众永远没有上升的空间,社会必然贫富悬殊。[①]

二、印度种姓制度的根源

虽然印度宪法第 15 条规定任何人不得因种姓、宗教、出生地而受歧视,然而长达 2000 年的种姓制度、种姓冲突仍然弥漫于整个社会,究其根源主要有如下几点。

(一)政治因素。公元前 2 世纪前后,古印度社会处于奴隶制社会的形成发展时期,上流社会的婆罗门贵族以法典的形式宣扬世袭的种姓制度,强调自己出身高贵,与低种姓的民众有天然的区别,从而维护本阶级至高无上的权威。种姓制度迎合了当时奴隶主贵族的统治需要,并作为一种基本的社会制度被长久地保留下来。

(二)宗教因素。古代印度是一个宗教社会,印度教是在社会长期发展过程中形成的,融合了当时社会的哲学思想和行为习惯的产

---

① 参见朱明忠:《综论印度文化的特点》,《南亚东南亚研究》2020 年第 1 期。

物。种姓制度作为印度教的核心教义，在其推崇和倡导下成为古代印度的社会等级制度，对印度社会几千年来的发展产生了深远的影响和严重的束缚。

（三）文化因素。一个民族的文化对于国家法律观念的形成和社会发展进步的方向具有极其重要的引导作用。印度教将《摩奴法典》视为造物神梵天的安排，作为印度教徒的行为准则，所以无论高种姓还是低种姓都要遵守这部神圣的法典。①

三、印度消除种姓制度的挑战

消除种姓制度是印度政府长久以来面临的一个难题，也是一项庞大而复杂的系统工程。自印度独立以来，政府已制定多项法律，并且在政治、经济、文化、教育和社会等方面采取了一些改革，以消除种姓之间的差异，提高低种姓阶层的社会地位，改善他们的受教育状况和生活水平，这些努力已使原来的种姓关系发生了不小的改变。2015年4月，身为婆罗门阶层的印度人民党主席拉杰纳特·辛格在参加一个活动时，与数百名贱民阶层妇女一同用餐，此举被视为印度政府决心打破种姓藩篱的表态。

然而《摩奴法典》在印度已经存在了几千年，种姓观念在人们思想上和心理上根深蒂固，其影响难以彻底铲除。这种封建落后的等级制度在一定程度上阻碍了印度社会的发展，也从精神上磨灭着底层人民的自由意志。民众对于社会性的问题避而不谈，遭遇社会不公选择集体沉默，才是最令人担忧的地方。由此可见，相比于在制度层面上消除种姓制度，更为重要的是在思想层面上消除这一制度。

---

① 参见张坤：《〈摩奴法典〉中的种姓制度浅析》，《法制博览》2018年第24期。

附　录　电影推荐及剧情概要

1.《嗝嗝老师》

该片主要讲述了患有图雷特综合症的女老师奈娜·玛瑟带领成绩排名全校垫底的 9F 班的 14 名贫困学生,实现人生目标的励志故事。影片以喜剧的方式反映了印度教育资源分配不均、贫富差距扩大、等级制度固化等问题。但同时,影片也能让观者感受到希望和爱的力量,向人们传达在"绝望中寻找希望,人生终将辉煌"这一主题。

2.《贫民窟的状元班》

该片改编自印度的真人真事，主要讲述了印度一位名叫阿南德的老师帮助贫困学生的故事。极具数学天赋的阿南德因为家境贫穷，失去了到国外深造的机会，这让他对辍学的穷学生产生了同情，并深感印度国内教育资源分配不公。为了不让更多有志于学的寒门学子失去求学机会，他放弃了自己在补习班的高薪职位，为30名贫苦学生提供免费教育，并顺利帮助他们考上著名的印度理工大学。该片以小见大，隐含了印度阶级固化与教育极其不公这一极具现实色彩的话题。

3.《三傻大闹宝莱坞》

该片是一部根据印度畅销书作家奇坦·巴哈特的处女作小说《五点人》改编而成的印度宝莱坞电影，由拉库马·希拉尼执导，阿米尔·汗、马德哈万、沙尔曼·乔什和卡琳娜·卡普等联袂出演。影片采用插叙的手法，讲述了三位主人公法罕、拉加与兰彻间的大学故事。导演和编剧用了幽默讽刺的手法探讨各种社会问题，如自杀、贫富差距、拜金主义、填鸭式教育等等。同时电影不忘探讨人生的意义，无穷笑料以外亦不乏真挚情感。

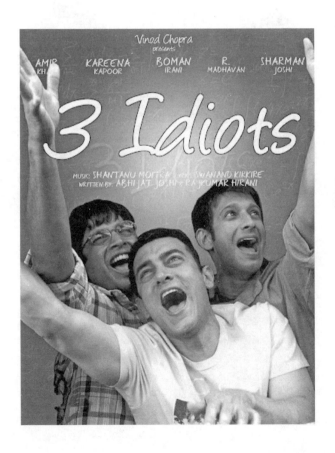

4.《痛击》

该片改编自好莱坞电影《狙击电话亭》，看似一部动作片，实则是一部爱国教育片。先以政府官员进行不正当交易谋财做铺垫，随后进入主题，最终银行家巴赫被迫揭开这个国家政坛背后不为人知的惊天丑闻，将3 000亿卢比归还到印度国库。影片引起人们对印度低效的法律体系、公务员体系、民主体系以及种姓制度等造成印度社会腐败问题的思考。

5.《印度的女儿》

该片是英国广播公司(BBC)拍摄的纪录片,关于 2012 年 12 月 16 日震惊世界的德里黑公交车案。该片采访了案中的一位强奸犯、嫌疑人辩护律师及受害者父母。从他们的采访中能看到印度根深蒂固的极端男权思想和对女性的不公对待。同样,2017 年上映的电影《一个母亲的复仇》也改编自德里公交车案。这些影视作品不仅折射出印度女性悲惨的生存现状,而且还对案发后席卷印度全国的抗议以及呼吁相关法律改革等问题提出了一定的思考。

6.《神秘巨星》

该片女主角是出生在小城镇穆斯林家庭的尹希娅,她一直有一个梦想,成为全世界最优秀的歌手,可却遭到家暴成性的父亲百般阻挠。懦弱的母亲除了背着父亲悄悄满足尹希娅许多小需求以外,并没有办法实质性地改善她的生活,也没有勇气离婚带她离开这个女人不受尊重的地方,更没有勇气支持她的梦想。追梦心切的尹希娅在视频网站上以"神秘巨星"为名,穿上罩袍上传自己的唱歌视频,受到大众喜欢,政客、明星、音乐导演也纷纷转发她的视频。在音乐导演夏克提和好朋友钦腾的帮助下,尹希娅突破歧视与阻挠,一步步向梦想靠近。

7.《宝莱坞生死恋》

该片主要讲述了地主纳拉彦的儿子德夫达和玩伴帕罗这一对青梅竹马之间的悲惨爱情故事。他们从小一起长大,虽然两人社会地位和家庭背景相差甚远,但这并未阻止他们的感情与日俱增。德夫达从伦敦留学归来后向家人袒露心声,表示希望迎娶帕罗做新娘。但因两家身份阶级悬殊,德夫达的父亲坚决反对,加之小人离间,帕罗被迫嫁给了豪门的年长鳏夫。《宝莱坞生死恋》的故事内容看上去十分俗套,其实隐含了对印度阶级社会、种姓制度、男尊女卑等种种不公的批判。

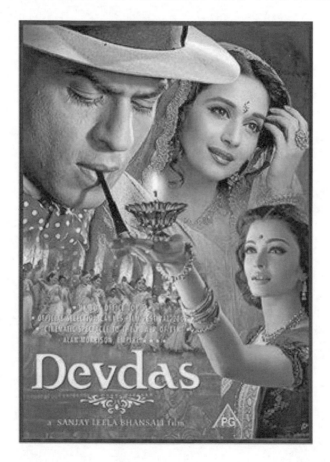

第六章

神秘而多元的画卷——电影中的印度文化

第一节　《我的个神啊》与
印度宗教文化

主讲影片

《我的个神啊》

《我的个神啊》是一部反映宗教现实的影片，电影中贯穿着奇幻的剧情和人物，并通过诙谐幽默的表现手法揭露印度社会的各种宗教现象和问题。

　　本片开头讲述了贾古和萨弗拉兹之间的爱情故事。在比利时留学期间，贾古意外邂逅了名为萨弗拉兹的男子，趣味相投的两人很快走到了一起。然而，萨弗拉兹是巴基斯坦人，他的国籍和伊斯兰教信仰令这段恋情遭到了贾古家人的极力反对。不仅如此，贾古父亲信仰的神棍塔帕斯维更是预言萨弗拉兹注定要欺骗和抛弃贾古。为了证明预言的荒谬，贾古决定同萨弗拉兹闪婚。然而，婚礼当天，贾古等到的却是一封"分手信"。几个月后，伤心的贾古回到家乡新德里，成为了一名记者。

　　由于工作需要，贾古每天脑子里都想着如何获得新鲜的资讯或者创造吸引人眼球的新闻。一天，贾古在德里地铁上偶遇了名叫PK的男子。PK是来自外星球的星际旅客，到达地球之后因为宇宙飞船的遥控器被人抢走，所以流落在地球上回不了家。PK将自己外星人的身世告诉了贾古。刚开始，贾古以为PK是因为精神错乱而胡言乱语，后来随着对他了解的深入，贾古发现PK拥有一种特异功能——通过触摸其他人的手感知过去发生的事情，这令贾古开始相信PK所言。贾古甚至决定把PK的传奇身世和独到的思维见解搬上电视，并帮助他寻找返回母星球的方法。

　　为了寻找宇宙飞船遥控器而早日返回自己的星球，PK将全部的希望寄托在各宗教的大神身上。然而在整个"求神"的过程中，非但没有得到大神的恩典，PK还发现了宗教伪善的一面，并决定和贾古一起揭下宗教虚伪和自私的面具。最终，贾古在PK的鼓励和启示下，再次与萨弗拉兹取得联系，解开了彼此心中的误会。

　　电影《我的个神啊》从世俗的角度反思了印度社会多宗教信仰的国情，以及由此产生的种种社会矛盾。影片批判了宗教极端主义和笃信宗教带来的盲目性，并通过对宗教本质的思考，探讨了宗教的合理性。 本片思想深刻且锐利，是宗教题材里不可多得的佳片。

国情背景

一、印度的宗教派别

电影《我的个神啊》生活化地展现了印度教与伊斯兰教的冲突和斗争，这也是印度社会中主要的宗教矛盾和文化冲突点。印度教是产生于南亚次大陆的本土宗教，而伊斯兰教是随着穆斯林统治者的入侵而在印度逐渐传播发展的外来宗教。印度教和伊斯兰教在信仰、习俗、道德标准和制度教义等诸多方面存在分歧甚至对立。比如，印度教崇尚偶像崇拜，而伊斯兰教反对偶像崇拜，只崇拜唯一神；印度教崇拜梵天、毗湿奴和湿婆三大神为主的众神，伊斯兰教则崇尚真主安拉的最高意志；印度教强调轮回转世和超世解脱，而伊斯兰教宣扬"末日审判"。这种宗教价值观的矛盾是印度教与伊斯兰教冲突与斗争的根本原因。

从历史上看，公元 7 世纪以后，伊斯兰入侵者将伊斯兰教逐渐带到印度。从那时起，印度教和伊斯兰教之间便展开了旷日持久的斗争。伊斯兰教对印度教的打压之势在莫卧儿王朝达到顶峰。英国殖民统治时期，印度教和伊斯兰教之间的矛盾在殖民统治者的挑拨和利用下更趋尖锐化，时常发生严重的教派流血冲突。1947 年，印度的独立以印巴分治为代价得以实现。印巴分治期间，印度全国各地出现了大规模穆斯林和印度教徒的流血冲突，特别是在印度西北部的印巴交界处，宗教冲突更为血腥和残酷。

印度独立之后，教派斗争并没有平息。1948 年 1 月 30 日，主张教派团结和"非暴力"思想的印度国父圣雄甘地被印度教极端主义信徒刺杀。印度宪法规定印度是世俗制国家，印度独立之后的历届政府也都推崇世俗主义和宗教平等包容的政策，然而教派主义并没有得到完全遏制,宗教骚乱仍时不时的出现在印度各地。冷战结束后,世界范围内的意识形态斗争逐渐淡化,随之而来的是宗教民族主义思潮的复兴。在这样的国际大背景下,印度国内印度教和伊斯兰教之间的教派斗争呈现激化态势。印度各教派主义组织和教派主义政党利用信徒的宗教热情,煽动地方教派情绪,以达到自己的宗教和政治目的。

近年来,风头正劲的印度人民党通过操弄印度教民粹主义,获得人口占多数的印度教选民支持。印度人民党鼓吹建立"印度教国家",恢复"罗摩盛世",导致印度教和伊斯兰教之间的矛盾愈演愈烈。2019年颁布的《公民身份法案》规定:凡是来自巴基斯坦、孟加拉国和阿富汗三个国家的受"宗教迫害"的"非法移民",如果他们的宗教信仰是印度教、锡克教、佛教、耆那教、拜火教和基督教,且于 2014 年 12 月 31日前进入印度,即可获得印度公民身份。然而,该法案却将本国的穆斯林排除在外。新法案公布后,印度多地爆发了大规模的抗议示威活动。

2020 年 8 月 5 日,印度总理莫迪前往位于北方邦的印度教圣城阿约提亚出席罗摩神庙奠基仪式。阿约提亚城中的罗摩庙址历来都是印度教徒和穆斯林争议和冲突的地点。1527 年,莫卧儿王朝皇帝巴布尔下令在阿约提亚建造了一座清真寺,即"巴布里清真寺"。印度教徒认为这个地点是大神罗摩的出生地,曾建有罗摩庙,伊斯兰王权损毁了原有的罗摩庙,在其废墟上建造了清真寺;而穆斯林却认为罗摩的出生地无从考证,罗摩庙也不曾在此兴建过。此后的四五百年间,围绕罗摩庙址——巴布里清真寺之争发生了多次教派冲突和暴力流血事件。最严重的一次冲突发生在 1992 年 12 月。印度教民族主义狂热分子手持器械和油火,冲入巴布里清真寺,将这座著名的莫卧儿伊斯兰建筑焚为废墟。此次冲突造成近 2 000 人死亡。因此,莫迪以总理身份参加此次罗摩神庙奠基仪式引发了穆斯林和部分印度媒体的广泛批评。

如今,在经济全球化和社会现代化的时代,印度教徒和穆斯林在就业、升迁、教育、土地、财产等诸多社会生活领域摩擦不断，各种社会现实利益与宗教派别差异交织在一起，使得印度的社会矛盾更加复杂化、尖锐化。

二、印度的宗教价值观

印度被称为宗教博物馆，印度教、伊斯兰教、锡克教、佛教、耆那教和基督教等各宗教在印度都得到了不同程度的传播和发展。其中，印度最主要的宗教是印度教，全印约有 83% 的人口信奉印度教；伊斯兰教是印度的第二大宗教，约 13% 的印度人崇尚伊斯兰教；锡克教徒主要集中在印度西北部的旁遮普邦，那里是锡克教的发源地，印度的锡克教信徒约有 2 800 万；此外，也有少数人信仰佛教、耆那教和基督教①。在这些宗教里，印度教、锡克教、佛教和耆那教是产生于印度的本土宗教，伊斯兰教是公元 8 世纪前后由阿拉伯人传入印度，而基督教早在古代就已传入印度，并在英国殖民统治时期得到进一步传播发展。

虽然印度宪法规定印度是世俗主义国家，但宗教的影响却深入印度社会生活的方方面面。绝大多数印度民众笃信宗教，他们将宗教教义和教派习俗视为生活中必须遵循的戒律。不同宗教有着各自不同的价值体系，信徒们通常根据所信宗教的哲学思想和价值追求，持续调整自己的社会和人生价值观，并在世俗生活中不断适应宗教的教义要求。

印度教推崇"轮回转世"说，认为人的灵魂是永恒的，人死只是肉体的消亡，而灵魂会根据生前的"业"分出高下，进入到相应的躯壳中获得重生。灵魂转生为婆罗门、刹帝利、吠舍还是首陀罗②，超脱升入

---

① 佛教徒占印度人口的 0.77%，耆那教徒占 0.41%，基督教占 2.32%。

② 根据婆罗门教经典《梨俱吠陀·原人歌》所描述的瓦尔那等级：婆罗门是婆罗门教大神原人的嘴、刹帝利是原人的双臂、吠舍是原人的大腿、首陀罗是原人的脚。婆罗门教是印度教的前身。

天堂还是转世为动物,这取决于生前的所作所为,即"业"的累积。善恶有报的宗教思想使印度人在生活中不断追求行善积德,从而在客观上塑造了印度人的道德意识。印度教是多神宗教,号称有3 300万神灵。印度教徒崇拜的神祇主要是梵天、毗湿奴、湿婆和他们的配偶以及各类化身。围绕这些神灵,民间流传着各种神话故事,印度教的众多传统节日也都基于这些传说故事而被人们庆祝和铭记。印度教徒不光在传统节日感怀神灵们的崇高品质和伟大神力,在平常生活中也通过祷告、冥想、食素、禁酒等方式自发地表达自己的虔诚之心和对神性的感悟。

伊斯兰教的核心思想是"六大信仰"和"五功"。"六大信仰"是伊斯兰教的宗教理论学说,指的是信安拉、信天使、信经典、信先知、信后世、信前定;"五功"是伊斯兰教尊崇的实践方法,即念"清真言"、礼拜、斋戒、天课、朝觐[①]。"六大信仰"和"五功"构建了伊斯兰教的神学体系和功修制度,也是穆斯林日常要严格遵守的清规戒律。这些宗教哲学思想和法规律条塑造了印度伊斯兰世界的传统价值观念,也直接影响了伊斯兰教信众的日常生活和处世方式。

锡克教反对印度教和伊斯兰教繁复的仪式,反对偶像崇拜、禁欲行为和在恒河沐浴,反对种姓歧视,主张人人平等。锡克教崇拜上师[②]的训导,崇尚高超的品格和内涵,强调领悟神的智慧并积极参与到社会服务中去。因此,锡克教徒大多具有英勇气概和斗争精神,他们倔强高傲、不苟言笑。此外,锡克教还要求信徒蓄长发、带发梳、戴钢镯、穿短裤、佩匕首,以示与其他宗教的区别,表明自己对宗教的坚信不移。此外,佛教、耆那教和基督教等宗教也都有着各自的宗教哲学和教义思想,它们的信徒们在宗教和世俗生活的交集中寻找着自己

---

①　天课,是伊斯兰教对占有一定财力的穆斯林规定的一种功修。伊斯兰教认为,财富是真主所赐,富裕者有义务从自己所拥有的财富中,拿出一定份额,用于济贫和慈善事业。朝觐,是指穆斯林在规定的时间内,前往麦加履行的一系列"功"的总称。

②　上师,是宗教世界最权威、直接、无上的导师,在佛教和锡克教中有上师的传统。

生命的价值。

印度人对宗教的虔信,让他们形成了重精神追求,轻物质享乐的民族个性。面对生老病死和人生的艰辛、困苦,虔诚的信徒往往能淡然处之。由于崇尚的哲学思想和教义教规相差各异,印度不同宗教之间时常会出现矛盾和冲突。然而,对道德、人本和理性的追求是所有宗教亘古不变的主题。印度宗教多元化的背后也客观存在着共有的价值,而这种"差异＋融合"的存在模式,或许正是印度宗教文化特有的魅力。

第二节　《同居物语》与印度风俗习惯

主讲影片

《同居物语》

宝莱坞电影《同居物语》探讨了婚前同居行为和自由恋爱的合理性问题，反映了印度社会新旧婚姻观念的碰撞，并生动形象地展现了印度传统的婚礼仪式。

影片情节始于电影明星纳西姆·汗的同居绯闻。媒体大肆渲染他如何不尊重印度传统文化并对年轻人产生不良影响。随后，电影的故事聚焦到马图拉小镇。失败的政客毗湿奴·特里维迪主张在当地禁止同居关系，因为在他看来这种关系违背了印度传统价值观和文化习俗，是可耻的行为。他的女儿拉什米在当地的新闻频道实习，并与该频道的明星记者古杜和摄影师阿巴斯合作。古杜和拉什米在工作中坠入爱河，古杜随后向拉什米求婚。但拉什米没准备好走进婚姻的殿堂，她想进一步加深对古杜的了解，并建议同居试婚。

他们在阿巴斯的协助下来到瓜廖尔，展开了为期 20 天的旅社试婚之旅。邻居斯里瓦斯塔瓦夫人对他们的关系产生了怀疑。在她的质问下，古杜和拉什米的回答错漏百出，从而坐实了他们的同居关系。第二天，斯里瓦斯塔瓦夫人领着邻居们来到他们家中试图将他们驱逐出社区。不料，一夜之间古杜和拉什米制作出了假的结婚照，并将照片装饰在房间里，营造出结婚一周年的喜庆气氛。邻居们看到结婚照后感到十分震惊，但相信了他们之间的夫妻关系。

在 20 天试婚结束后，古杜再次表达了对拉什米的爱意。但不巧的是，古杜爱管闲事的亲戚巴布拉尔在公开场合看到了他们，并跟随他们来到旅社，看到了假结婚照。第二天，巴布拉尔将古杜的家人带到旅社。家人责怪古杜没有事先告知就自作主张结婚，而古杜和拉什米感到十分无奈却又无法说出真相。古杜的家人来到拉什米家中质问她的父亲毗湿奴。不知实情的毗湿奴在盛怒之下为女儿举办了一场快速婚礼。随后，拉什米来到古杜家中和他的家人住在一起，因为每个人都认为他们已经结婚了。然而，拉什米却为他们制造的弥天谎言感到不安和难过，她和古杜决定秘密结婚以给彼此一个正式的交代。

两人尝试了很多秘密结婚的方法，但都没能成功。最后，他们尝试混进匿名的群体婚礼中结婚。不料，毗湿奴是集体婚礼的主宾，古杜和拉什米被当场逮了个正着。最终，他们在双方家人面前承认没有结婚但一直住在一起的事实。古杜还向毗湿奴解释，毗湿奴之所以连续输掉选举，就是因为现在多数投票人是年轻人，他们崇尚现代自由的新文化，反对年轻人求新求进的想法就会失去他们的支持。他说服毗湿奴停止反对自由恋爱和婚前同居关系。最后，古杜和拉什米在家人的祝福声中愉快地完成了婚礼。

国情背景

一、印度的婚姻礼俗

　　婚姻在印度传统文化中的地位非常重要，印度的婚姻文化也十分丰富。在印度传统婚姻观念里，种姓内通婚是被推崇的，即男女双方原则上种姓一致才能结为夫妻。尽管印度种姓制度倡导种姓内婚，但仍允许高种姓男子娶低种姓女子为妻，这叫顺婚；而低种姓男子企图同高种姓女子婚配，则被称为逆婚，这是印度传统婚姻观念中不可接受的。婚姻种姓观念长期以来通过宗教的方式潜移默化地影响着印度人的思维和选择，在种姓制度已经废除的当今印度社会，仍然受到多数印度人认可。然而，印度不少受过良好教育的年轻人有着现代的独立思想，他们更愿意相信种姓之外平等的恋爱关系。

　　在印度，儿女的婚姻通常由父母操办。父母经人牵线搭桥，为自己的孩子寻找合适的配偶人选。如果双方各方面条件相互符合，中间人将安排双方家庭和孩子会面。见面具体了解对方的情况以后，若双方均满意就会挑选吉日订婚。订婚后如果一切发展顺利，就会正式结婚组建家庭。即使在今天，包办婚姻在印度依然盛行，只不过在订婚前男女可以见面，双方同意后父母就可以筹备婚事了。不过，在如今印度的大城市中，自由恋爱也已蔚然成风。

在印度的偏远和贫困地区常常有买卖婚姻和抢婚的情况出现。买来的媳妇有时甚至还是几岁的女童，这就是所谓的"童婚"现象。经济穷困的家庭养不起女儿，也没有钱准备嫁妆，所以在孩子童年的时候就把女儿卖给有需要的男方家庭做媳妇。"吠舍"和"首陀罗"这两个较低的种姓曾实行过买卖婚姻。1956年颁布的《印度教婚姻法》规定，男女双方结婚必须出于自愿。但由于印度男女比例长期失衡，许多乡村和小城镇都缺少新娘，抢婚、买卖婚姻等陋习仍时有发生。1955年颁布的《印度教徒婚姻法》禁止童婚，1978年此法修订后又将男女婚龄分别提高到21岁和18岁。在此之后，虽然印度的童婚现象明显减少，但时至今日在印度部分偏远贫困的乡村地区仍然有不少低于法定年龄婚嫁的情况。

印度传统习俗中还有关于寡妇的规定。据相关经典记载，寡妇有三条路可走：她们可以和亡夫一起火化陪葬，或过着克己守贞的生活，或嫁给丈夫的弟弟。如果没有勇气殉夫，就要被送到神圣之城贝勒斯（现名瓦腊纳西）的恒河岸上的寡妇之家。寡妇的脸上和衣饰上都要注有寡妇的标志，并要比丈夫在世时更加小心地回避任何男性。与此同时，男子见到了寡妇也要回避，因为寡妇是不祥之人。寡妇的人生一般都是孤寂凄惨的，她们受到世人的歧视和排挤。如今，在印度偏远封闭的农村地区，仍然有妇女在丈夫死后被迫守寡终身，或者改嫁给丈夫的兄弟。

印度婚俗中也存在嫁妆制度，即结婚时女方家庭需向男方家庭赠与嫁妆。嫁妆的形式通常为：珠宝首饰、家电、汽车、房子和现金等等。印度社会长期以来有着男尊女卑的思想，女人在社会上地位较低，大部分女性依靠丈夫的家庭生活。因而，不少印度家庭为了让女儿嫁得体面，也为了使女儿婚后的生活尽可能幸福，都愿意在嫁妆上面投入大把心血和资本以获得男方家庭的尊重。今天，在印度人的婚姻观念里，嫁妆已经不是很重要了，在城市中，很多男方家庭都不会向女方家庭索要嫁妆,而女方可以根据自己的经济条件和意愿适当准备嫁妆,有时男女双方甚至还会商量着一起准备嫁妆,但印度农村地区仍固守传统的嫁妆制度。

印度婚礼的环节和仪式很有意思,有些与中国的婚礼习俗相似,有些则充满了印度特色。在印度,双方家长有了初步意向后,会请占星师测算新人的八字。八字相合后,就可以订婚。订婚时,婆罗门祭司先念祈福的经文,女方家人向男方家人身上洒米。女方父亲宣布,将女儿作为礼物送给男方,并将圣线、水果、鲜花和一些衣物赠予男方。随后,祭司在男方额头上点红点。婚礼前夜,新娘家里会举行一个仪式,欢迎新郎的家人和亲属。先由未来的婆婆画下第一笔手绘,专业的手绘师或亲友接着在新娘手或脚上画下精美的图案。

婚礼当天,天还未亮新娘就要开始打扮。婚礼是在新娘家举行。新娘穿着镶有金边的红白纱丽。白色代表纯洁,红色寓意生活富裕。新郎穿的是白色上衣和宽松的裤子。中午时分,新郎带领迎亲队和乐队吹吹打打来到新娘家。吉时将近,新郎走向由香蕉树干装饰的露天礼棚,和新娘并排坐在椅子上。夫妻俩的一边坐着新娘的双亲,另一边坐着新郎的父母,对面坐着祭司。诵经完毕后,新郎的长襟和新娘的头巾系在一起,两人站起来围着圣火行七圈礼。在此之前,新人们发誓他们会认真履行作为丈夫和妻子的职责。七圈礼的每圈都必须迈七步。新郎对新娘说,祝我们获得权利、力量、财富、健康、早生贵子、风调雨顺,成为知己,望你诚心诚意地侍奉我等。最后,新郎带新娘离开,坐马车回到新郎家。快到家时,新郎家的女客出来迎接新人。成婚几天后,新娘在丈夫的陪伴下回门。

二、印度的多彩风俗

婚俗之外,印度还有各式各样有意思的文化风俗。比如,日常生活中我们使用的左右手在印度十分讲究。印度人吃饭不用筷子,也不用勺子，习惯用右手直接把食物送入嘴里，而左手则用来掬清水如厕。因此，在印度人看来，右手是干净的，左手是污秽的。在日常生活中，印度人一般使用右手和人握手，用右手进香、接钱、取拿东西。在印度的部分邦，人们表示赞同或应允时，不是点头，而是将头向右边侧一侧。但侧头和摇头也有区别的。印度人一般通过侧头表示肯定，而用摇头表示否定。

印度人的饮食比较多样化。印度北方以小麦、玉米、豆类为主食，东部和南方沿海地区以大米为主食，鱼类为副食，中部德干高原则以小米、杂粮为主食。印度教徒和锡克教徒忌食牛肉，吃猪肉，喜食羊肉和鸡肉。虔诚的印度教徒多为素食者，连鸡蛋也不吃，有的人还会因为宗教信仰的缘故在特定的日子绝食。印度人普遍爱吃油炸品、甜食和奶制品，好用香料，常饮冷水。他们还喜欢在聊天的时候喝奶茶或者果汁饮料。在印度教的价值观里，牛被奉为"母亲"，因此只能善待，不能杀戮，所以大部分印度人不吃牛肉，只喝牛奶。而印度的穆斯林则不吃猪肉，但不忌牛肉、鸡肉和羊肉。

印度人的服饰兼具多样性和民族性。印度男子习惯穿一种名叫dhoti的围裙，一般是一整块长的白色布料，穿时缠绕下身，而上身习惯穿一种名叫kurta的宽大带袖短衫。印度妇女的传统服饰是紧身的短衣和纱丽。纱丽一般是各色布料，穿时从左到右围裹在身上。印度教妇女喜欢在额头上点吉祥红痣。穆斯林妇女多穿带面纱的长袍，遮盖全身。锡克教男子一般留长发、蓄胡须，用布把头发包起来不让人看到。此外，印度人无论男女，都喜欢戴戒指、手镯、耳环等各类饰品。

印度节日繁多，据说每年印度的节假日有60多天。其中，有全国性的节日，也有地区性的节日。印度的多数节日都与宗教故事和神话传说有关，也有的节日是为了纪念某一历史事件或者某个伟人。印度主要的全国性节日包括：①共和日（即国庆日）。印度于1950年1月26日宣布为共和国，这一天是印度共和国正式成立的日子。②独立日。1947 年 8 月 15 日,印度摆脱英国近两百年的殖民统治,获得独立。③甘地诞辰日。印度民族主义运动领袖莫罕达斯·卡拉姆昌德·甘地被称为印度的国父和"圣雄",生于 1869 年 10 月 2 日。

　　印度教约有 20 多个传统节日,其中最主要的节日包括:①洒红节(又称霍利节)。在公历 3 月或 4 月,节日当天不论男女老少、地位高低,大家一同欢庆,相互往脸上、头上、身上喷洒各色颜粉和红水。②排灯节。在公历 10 月或 11 月,庆祝三天。在排灯节的夜晚,家家户户点起各式各样的灯饰,祈愿财神降临。因此,该节又称"敬财神节"。伊斯兰教的主要节日包括:①开斋节。穆斯林在伊斯兰教历 9 月的白天进行斋戒,传说古兰经在这个月开始由天堂传到人间。斋月结束的第一天,即伊斯兰教历 10 月 1 日,为开斋节,当天穆斯林在清真寺集体祈祷并开斋。②宰牲节。在伊斯兰教历 12 月 10 日,每逢该节,穆斯林杀牛宰羊,沐浴盛装,相互拜会,热闹非凡。锡克教最大的节日是该教创始人纳那克法师诞生节。而耆那教也有纪念该教始祖大雄诞生的节日。佛教有佛祖诞辰节,基督教有圣诞节和复活节。

第三节　《瑜伽启迪》与印度瑜伽文化

《瑜伽启迪》

瑜伽发源于古印度，这种古老的哲学文化如今在全世界范围内发展成为一项独特的健身运动，出现在东西方不同城市的瑜伽健身馆中，受到人们的喜爱和追捧。　美国纪录片《瑜伽启迪》探讨了瑜伽的锻炼方法和思想内涵。　影片跟踪记录了初学者尼克在学习瑜伽的过程中个人身心变化的情况。　尼克作为一个对瑜伽充满好奇的29岁年轻人，参加了为期数月的体验式瑜伽学习实验。　从美国纽约到印度圣城，他既学习了瑜伽的体位锻炼方法，也通过与印度大师的交流，尽力体悟瑜伽的内在哲学思想。　记录者凯特在几个月的时间里一直伴随并实时采访尼克，用镜头记录下了尼克学习瑜伽的心得体会，同时直观展现了学习瑜伽的场景和整个过程中其他瑜伽学习者以及瑜伽大师的思想观点。

　　影片体现了印度瑜伽调理身体的体位法，即通过身体的柔软性和肌力的延展达到身体的某种极限平衡。　影片中的瑜伽大师强调，瑜伽修行中，体位锻炼只占很小的一部分，真正的瑜伽修行在于心灵的修炼，调身只是调心的前期引入和铺垫而已。　那瑜伽能够带给人们怎样的心灵启迪和灵魂思考呢？　影片中的古鲁①认为，瑜伽修行的目的在于专注自己的意志。　一个人的爱好是他的天性，所有的结果都是他屈服于自己的意志所造成的。　影片里还讲述了一种独特的瑜伽修炼方法——大笑瑜伽，即将大笑和瑜伽调息法进行结合，再配合身体的拉伸舒展，最终达到提升意识的目的。　意识提升以后，人就会变得纯粹，笑的时候发自内心，伴随的也是慈悲、感恩和宽容。　此外，印度瑜伽强调心灵的虔诚，在虔诚的瑜伽修行中获得智慧。　人们通过瑜伽修行摒弃杂念，而专注于自我内心世界的快乐，并真正了解自己是出于何种目的做一件事情。

　　影片同时还呈现了体验人尼克学习瑜伽过程中的疑惑与矛盾的心理。　尼克在结束最后的瑜伽之旅时说道："这个项目刚开始的几周

---

　　①　古鲁，指的是印度教、锡克教等宗教中的老师。

和几个月里，我记得我很奔溃，因为凯特对我很失望。 我不知道我是否该天真地相信瑜伽的可能性，我常常和别人说瑜伽的经历失败了。 但事实是，它确实产生了影响。 但多大的影响？ 我不知道。"在尼克回归正常生活后的一段时间里，凯特仍保持每天与他通话，发现他虽然已不再练习瑜伽，但他的生活却悄然发生了改变。 他变得更加快乐和幸福。 这也许就是印度瑜伽的迷人之处。

国情背景

一、瑜伽在印度的地位和影响

瑜伽在印度可谓无处不在。在每天早晨的印地语电视节目中，都有专门的栏目介绍修炼瑜伽的方式步骤和注意事项。不少印度人日常生活中必备的居家运动便是做瑜伽，经济条件尚可的印度人还会雇佣私人瑜伽教练来家中一对一地进行指导。练习瑜伽对饮食和生活习惯还有一定的要求。比如，在练习瑜伽的前一个小时内不能进食也不能喝水，瑜伽练习结束后的十分钟内禁止喝水，四十分钟内不能吃东西。这些饮食的控制和调节对于练习瑜伽是必要的，印度人一般都会自觉遵守这些日常规则来达到最好的修身养性的效果。

每年的 6 月 21 日是联合国设立的国际瑜伽日，其目的在于提高全世界对于练习瑜伽可以带来诸多益处的认识。设立国际瑜伽日的提议最初是由印度总理莫迪在第 69 届联合国大会上提出的。莫迪认为，"瑜伽是我们古老传统的宝贵礼物。瑜伽体现了心灵和身体的统一、思想与行动的统一，这种整体方法有益于我们的健康和福祉。瑜伽不仅仅是锻炼，更是一种发现自己与世界、自然三者合为一体的方式。"虽然瑜伽发源于印度，但一年一度的国际瑜伽日却进一步提升了瑜伽在全世界的受欢迎度，尤其是富裕的国家和地区的人们更愿意通过瑜伽来提升生活品质，而在中国的大中城市中，瑜伽也日渐成为人们追求健康品质生活的一个热门选项。

在每年天气晴爽的季节,印度国内虔诚的印度教徒和全球各地的瑜伽爱好者们都会慕名来到印度北部喜马拉雅山脚下的瑜伽之都瑞诗凯诗体验原汁原味的印度瑜伽。瑞诗凯诗是瑜伽的起源地,被视为印度教的静修圣地,印度的母亲河恒河也从那里流过。在瑞诗凯诗城中,恒河两岸坐落着大大小小的庙宇和几百所瑜伽学院。这里还有印度最富权威性的瑜伽连锁学校和世界上第一所官方承认的导师制瑜伽大学——比哈瑜伽大学,来自世界各地的人们聚集在那里体悟最正宗的印度瑜伽文化。据说,印度教大神湿婆就修炼于古老的瑞诗凯诗,印度教的守护神毗湿奴也曾在那里击败恶魔马都,印度的瑜伽大师和圣人也多居住在那里。印度教的神话传说为瑞诗凯诗增添了一层神秘的宗教色彩,也赋予印度瑜伽更多的文化内涵。

瑜伽在印度社会中的地位之高、影响之广,还可以从印度国内的瑜伽经济窥见一二。近年来,瑜伽产业在印度国内和世界其他地方都有着稳健的发展趋势。印度国内的养身行业规模为 4 900 亿印度卢比。其中,瑜伽行业达到 2 950 亿卢比的市场规模。此外,与瑜伽相关的附加产业的市场规模也达到了 50 亿到 70 亿卢比。瑜伽为何在印度社会文化中拥有如此重要的地位? 对此,我们需要适当的了解印度瑜伽的思想和文化渊源。

二、瑜伽的思想和文化渊源

瑜伽在梵语中读音是"Yoga",意为"和谐、统一、结合、协调",指的是宗教中的人神结合、梵我合一的境界。瑜伽还有"苦行、苦修"的意思,可以理解为通过苦修的方式达到与神合一的目的。瑜伽的历史悠久,距今已经传承发展了五千多年。瑜伽最早记载于印度的古代宗教经典《梨俱吠陀》中。该典籍讲述了通过苦行获得精神解脱的方法。《阿闼婆吠陀》也描述了最早的调整呼吸之法。随后,《奥义书》着重阐释了冥想瑜伽、控制感官的瑜伽，以及哲学层面的禅定瑜伽和数论瑜伽①。

印度史诗《摩诃婆罗多》中的著名哲学插话《薄伽梵歌》阐述了智慧瑜伽、行动瑜伽和虔诚瑜伽三种达到解脱的方式。其中，智慧瑜伽指的是通过精神思想层面的体悟获得解脱，反映的是出世的修行精神；行动瑜伽又被称作"有为瑜伽"，它与出世的观点恰恰相反，强调的是人的实际行动，但这种实际行动应当忽略行动的结果，以便摆脱行动带来的主观束缚；虔诚瑜伽讲的则是为神而行动，以获得神圣无瑕的行动力，并摆脱人生业障。印度民族独立之父圣雄甘地曾经这样写道："每当我独自面临绝望，不见一线光明之际，我便回到《薄伽梵歌》中去搜寻那些诗句……我生命中满是外在的悲哀，但它们却未曾给我留下明显的或是不可磨灭的创伤。我以为这都得益于《薄伽梵歌》。"从甘地的话语中，我们可以体会到瑜伽的真谛，即超越外在世界中的各种条件和事物对人内在主观意识的影响，从而达到心灵的解脱并最终归于平和。《薄伽梵歌》之后又出现了一种王瑜伽，旨在通过对深层精神意识的把控来达到"梵我合一"的解脱境界。修炼王瑜伽的人通过禁止一切身心欲望来摈弃所有杂念，从而保持坚定的内在定力和意志，最终达到无欲无求的人生状态。王瑜伽被认为是瑜伽苦行，但也是最有效最快速的解脱之法。

公元 200 年前后问世的《瑜伽经》将瑜伽修行的各类方法和要点总结为一个完整的体系，从此印度瑜伽形成了系统化的哲学思想和实践方法。《瑜伽经》把瑜伽分为"禁制、劝制、坐法、调息、制感"外五支和"执持、禅定、三昧"内三支。外五支注重身体的修炼，而内三支则注重精神的淬炼。《瑜伽经》把瑜伽的精神修炼分为三个进程：专注（执持）——静虑（禅定）——忘我（三昧），也就是要人循序渐进地由身体到灵魂完成净化，最终达到梵我合一的解脱境界。通俗地讲，瑜伽是

---

① 数论瑜伽，是瑜伽修行的最高阶段，即通过绝对的禁欲来摆脱世俗的困扰，最终达到解脱。

一种身体和心灵修养的方式,通过身体的修炼来促进思想的觉悟,最终达到精神的解脱,进而获得自然愉悦的精神体验。

实际上,从最初的《梨俱吠陀》到史诗中的插话《薄伽梵歌》,再到系统化的瑜伽经典《瑜伽经》,印度瑜伽文化一直与本土宗教思想的传承发展有着紧密的关联。从印度河流域文明时期到奴隶制鼎盛的孔雀王朝,从分化割据的封建土邦王国到一统南亚次大陆的莫卧儿王朝,从英国殖民地到现代独立自主的印度,在整个印度历史长河中,先后出现了许许多多不同的语言文化、社会制度和思想潮流,但亘古不变的主题却是历史悠久且代代相承的宗教传统。印度文明的核心思想是印度教思想,佛教和耆那教亦受到印度教文化体系的深刻影响,而印度教信仰的宗旨就是实现人与自然的结合与统一,或者说是人与神的统一,即达到"梵我合一"的解脱境界。"梵我合一"的学说产生于印度教古代经典《奥义书》,后世的宗教哲学家们在《奥义书》的基础上继承并发展了这一学说。时至今日,该学说足有 2 500 多年的历史。

古代印度教圣哲们认为,宇宙的最高灵魂或本体是一种精神存在,也就是"梵",而人的灵魂或本质,则称之为"我"或"自我"。人的灵魂"我"只是宇宙灵魂"梵"在人世间的显现,两者同源同体,在本质上是同一不二的。在他们看来,"梵"不仅是大自然的本源,而且具有无限欢乐的本性,也是一种无限寂静的极乐福境,因此"梵"的境界乃是人生追求的最高目标。人的灵魂"我"虽然来源于"梵",但是它降临世间以后,由于受肉体和私欲的束缚,其欢乐和善的本性一时还不能显现出来,但是它有恢复本来面目,还原于"梵"的要求。[①] 因此,人们需要寻找一个连接"梵"和"我"的有效途径。他们认为,瑜伽苦行可以帮助人摆脱肉体和私欲的束缚,最终恢复人的灵魂"我"的本来面目,达到"梵我合一"的最高境界。从这个意义上讲,瑜伽是印度独特的宗教文化内涵的一种外在表现形式,自古以来就是婆罗门教、印度教、耆那

---

① 朱明忠:《综论印度文化的特点》,《南亚东南亚研究》2019 年 12 月,第 98 页。

教和佛教实现解脱的重要手段。

在社会历史发展的漫长岁月中，印度宗教文化中的这种追求永恒精神和内向心灵超脱的思维方式逐渐塑造了印度人重精神、轻物质的人生价值观。发迹于印度本土的印度教、佛教、耆那教和锡克教也都传承了这种重精神、轻物质的处世理念，否定人对客观物质的需求，强调精神超脱的重要性。从古至今，瑜伽成为印度人追求精神生活的一个有效方法。普通人通过瑜伽调养自己的身体和心性，提高宗教觉悟和精神境界；苦行者则通过瑜伽实现极致的宗教追求，力争达到"梵我合一"的解脱境界。

第四节　《印式英语》与印度语言种类

主讲影片

《印式英语》

宝莱坞探讨语言问题的电影不多，而《印式英语》通过一个印度普通家庭的语言态度反映出印度人对于语言的普遍态度和价值观。莎希是一名喜欢做拉杜球①的印度家庭主妇，她将照顾家庭作为自己生活的全部，而不懂英语的她常常被丈夫和女儿嘲笑，也因而缺少了与家人的共同话题，莎希为此感到十分沮丧和自卑。某日，莎希远在美国的姐姐邀请她去帮忙料理自己女儿的结婚事宜。独自来到美国后，莎希遇到了许多由于语言障碍导致的生活问题，并再次经历了文化语言差异带来的失落。

为了增强自己的自信心，促进和家人的沟通并赢得他们的尊重和关注，莎希决定在纽约参加为期四个星期的英语急速培训班来提高自己的英文技能。这个培训班的学员都是来自世界各地的英语初学者，他们共同的目的就是学好英语。在此过程中，莎希告别了以往沉寂如水的生活，结识了各式各样的朋友。她不光感受到了久违的尊重和单纯的友谊，而且也逐渐建立起自信。功夫不负有心人，莎希最终通过自己的努力从零基础到掌握简单的英文表达，并在侄女的婚礼上用英语给新人送上了真挚的祝福。此时，人们也对莎希刮目相看，她的丈夫和女儿也为之前对莎希轻慢的言语和举止感到愧疚。最后，莎希重新获得了家庭对她的爱和尊重，也坚定了自己的信心。

该影片女主人公莎希的境遇反映出了印度社会在语言方面的结构性问题。在印度，包括第一官方语言印地语在内的印度本土民族语言普遍不受重视。人们将英语视为高级语言，认为掌握流利的英语是知识和身份的体现，而不懂英语的人则会在日常生活中遭受歧视。由于语言障碍，初到美国的莎希同样受到了当地店员的粗鲁对待，在异国他乡由于语言文化不同而感到自卑，这也体现了印度人对于自身实力和民族文化的不自信。此外，影片还通过写实的手法

---

① 拉杜球，一种印度传统的甜点，由鹰嘴豆粉、食用油、水、白砂糖制成，圆球形状。

表现了以印地语为代表的印度文化和以英语为代表的西方文化的差异和冲突，并通过演员生活化的细致演绎将东西方语言文化碰撞下，人物的心理活动生动地呈现给了观众。

国情背景

一、印度的多样化语言

印度幅员辽阔，民族众多，民族语言、地方语言的种类和数量十分庞杂。根据印度 2001 年的全国人口普查数据，全印共有 1 652 种语言，其中超过百万人口使用的语言有 30 种，超过 1 万人使用的语言有122 种，此外还有数以千计的各种方言。使用人口占比较大的语言依次为：印地语（41%）、孟加拉语（8%）、泰卢固语（7%）、马拉提语（6.9%）、泰米尔语（5.9%）、卡纳达语（5.4%）、乌尔都语（5.1%）、古吉拉特语（4.5%）、马拉亚拉姆语（3.2%）、奥里亚语（3.1%）、旁遮普语（2.8%）、博多语（1.3%）、阿萨姆语（1.2%）。

印度的语言基本上可以分属为两个语系，即印欧语系和达罗毗荼语系。印度中北部的大部分语言属于印欧语系中的印度-雅利安语支，如印地语、孟加拉语、乌尔都语等；而南印度的语言主要属于达罗毗荼语系，如泰米尔语、泰卢固语、卡纳达语和马拉亚拉姆语。其中，使用印度-雅利安语支内语言的人数约占印度总人口的八成。此外，印度和中国、缅甸交界地区的一些语言属于汉藏语系-藏缅语族，印度东北部的几个邦的地方民族语言属南亚语系-蒙达语族。

目前，印度宪法规定的全国性官方语言是印地语和英语，此外还承认了其他 21 种地方民族语言的地区性官方语言地位。印地语是印度第一官方语言，把印地语当作母语的人口达到 5.5 亿，另外还有近 4亿人将印地语作为第二语言使用。印地语是安达曼-尼科巴群岛、比哈尔邦、昌迪加尔、恰蒂斯加尔邦、德里、哈里亚纳邦、喜马偕尔邦、贾坎德邦、中央邦、拉贾斯坦邦、北方邦和北阿坎德邦等地区的官方语言，也是印度国内最为通行的语言。宝莱坞电影大都是用印地语拍摄和演绎的。

英语是印度第二官方语言。自英国殖民统治以来，英语在印度的使用和发展已达两个世纪之久。如今，英语已经成为印度国内通行的一门语言，被印度人认为是知识和身份的象征。英语是高等教育的教学用语，也是私立中小学的授课用语，来自不同地方的人可以通过英语交流互通。英语在印度的发展过程中融合了当地语言的发音特点和表达习惯，深深打上了印度本土文化的烙印，形成了独特的"印式英语"。虽然英语在印度拥有强势地位，但是精通英语的人只约占印度总人口的5%。

除印地语和英语外，印度还有几个主要的本地民族语言。孟加拉语是使用人数仅次于印地语的印度本土语言，主要通行于印度的西孟加拉邦、特里普拉邦和阿萨姆邦部分地区。在印度，以孟加拉语为母语的人口达到1亿。乌尔都语也是印度广为流行的一种语言。它与印地语非常相似，它们之间最重要的区别在于：前者用阿拉伯字母书写，而后者用天城体字母书写。乌尔都语和印地语的口语几乎相同，印地语歌曲中运用了大量乌尔都语词汇，因为乌尔都语被认为是一种富含诗意的语言。乌尔都语和印地语同为德里方言，二者加起来是世界第二大语言，使用人口超过6亿人，仅次于汉语。另外，泰米尔语是一种有超过两千年历史的语言，属于达罗毗荼语系，是泰米尔纳德邦的官方语言，其使用人口超过7 000万。

二、印度语言多元化的由来

印度是世界四大文明古国之一，拥有超过五千年的悠久文明史。在漫长的历史长河中，印度大部分时间处于分裂状态，在古老的版图上兴起过许许多多独立的小王国。加之在广阔的大陆上形成的众多相对独立的地理单元,印度许多不同的语言文化地域由此形成。此外,印度长期受到异族入侵的影响,雅利安人、阿拉伯人、突厥人、波斯人、西班牙人、英国人等都曾先后入侵过印度,把异国的语言带入印度,并与当地本土语言融合形成新的语言。印度自古就有着多元化的宗教传统,印度教、伊斯兰教、锡克教、基督教等不同的宗教有着各自青睐的语言和表达方法,这在另一个层面又强化了印度语言的多样性。而近代以来,长期的殖民历史和国内复杂的民族、宗教、语言环境更塑造了印度如今特有的语言结构和体系。

英国殖民者将英语带到古老的印度大陆,为这里多元语言的发展注入了新的西方元素。在英国殖民统治初期,为了有效地管理印度各地区,保持殖民政府与印度各地方传统势力之间的平衡,当局采取了维持地方多种语言共存的政策,在对地方的统治中推行当地民族语言,同时大力推广一些当时广受欢迎的语种,如印地语和乌尔都语。这种做法有助于缓和殖民统治当局和印度传统社会之间的矛盾,降低英国殖民统治者施政的成本和阻力。在殖民统治后期,随着英国在印度统治的深入和巩固,当局开始在印度强推英语,同时削弱地方语言的影响力。而英国人通过英语的推广在印度逐渐渗透了自己的文化价值和思想观念。

1837年,英国政府废除波斯语的公务用语地位,强制改用英文加以替代。随后又在政府公务人员的选拔方面优先考虑懂英语的印度人。在教育领域,殖民当局规定地方语言仅作为初级教育的教学用语,而高等教育必须使用英文授课和学习。通过推行这些语言政策,英国在印度逐步培养出了符合自己统治利益的印度中高级管理者和亲英的精英阶层。由此,英语在印度成为政府官方用语和社会所推崇的语言,英语和印度本土语言之间的矛盾也随之突显,并在印度民族独立运动中得以放大。时至今日,印度仍然存在英语和印度本土语言的竞争关系。

随着印度民族独立解放运动的兴起,印地语作为印度最具代表性的本土语言得到各界人士的推崇，客观上起到了激发民族意识和凝聚民族精神的作用。独立之初，印度在文化层面上追求回归本源，英语在印度受到打压，印地语的地位得以强化。然而，此时印度各类民族、宗教、政治和社会矛盾繁杂，国语的设立涉及多方利益，印地语的国语化之路遭遇了地方民族语言意识的阻碍，印地语在全印范围内的推广并不顺利。最终，1950 年印度第一部宪法规定，印地语是印度的官方语言，没有使用"国语"的称谓，同时将英语作为第二官方语言，地位保留 15 年，期满后再通过议会投票决定英语的去留问题，试图以这种折中的方式缓和印地语和各地方民族语言之间的矛盾。

然而，为期 15 年的双官方语言过渡计划并没有平息语言民族主义的狂热浪潮，相反各地纷纷建立起基于本地民族语言的语言邦。1952 年，第一个语言邦安得拉邦建立，这个邦的语言是泰卢固语。此后，讲孟加拉语的西孟加拉邦、讲泰米尔语的泰米尔纳德邦、讲旁遮普语的旁遮普邦、讲古吉拉特语的古吉拉特邦和讲马拉提语为主的马哈拉施特拉邦等多个地区性语言邦相继建立。语言邦的建立缓和了印地语和各地方民族语言间的矛盾，也减少了因语言问题导致的社会冲突和争斗，然而却为印度各语言的长期分裂埋下了种子。

自 20 世纪 60 年代中后期起，印度政府又开始实行"三语政策"，以缓解印度国内各语种之间的矛盾，从而促进印度全民族统一，着力发展社会经济，并提升印度在国际上的地位。"三语政策"规定，在印地语区的学校必须教授印地语、英语和另外一种地区语言（通常把梵语作为第三种语言教授），而在非印地语区则需要学习英语、本地区语言和印地语。然而，在少数非印地语地区，如泰米尔纳德邦和西孟加拉邦，印地语则受到抵制，"三语政策"在施行过程中实际上变成了"双语"方案，即只采用英语和本地区语言的教育模式，抑或用梵语代替印地语作为第三门语言进行教授。印度的"三语政策"强调了印地语第一官方语言的地位，更突显了英语在印度社会中的重要作用，同时印地语作为第一官方语言的影响力也被英语和其他地方民族语言所削弱。

第五节 《卡兰克》与印度艺术瑰宝

主讲影片

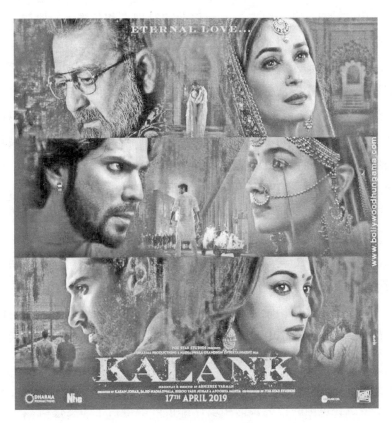

《卡兰克》

印度历史爱情电影《卡兰克》，讲述了发生在印巴分治前夕的三段悲壮传奇的爱情故事。 乔特利家族是印度北部城镇胡斯纳巴德的印度教世家，世代从事出版行业。 乔特利家族的一家之主巴尔拉吉，在年轻时候由家庭包办与不相爱的妻子成婚，婚后不久他便在胡斯纳巴德的希拉集市上与穆斯林女孩芭哈尔相爱，并诞下私生子扎法尔。 由于自己是有妇之夫，加上印度教徒与穆斯林原则上不允许通婚，所以巴尔拉吉最终选择抛弃心爱之人而回归自己优越的家庭生活。

巴尔拉吉的儿子德夫是家族事业的管理者和负责人，他与妻子萨蒂娅恩爱有加，可是好景不长，萨蒂娅身患癌症，不久将离开人世。 于是，她决定在去世之前为深爱的丈夫找到下一任妻子。 萨蒂娅将印度教女孩露普带到家中与丈夫德夫成婚。 但由于德夫深爱着萨蒂娅，新婚之后无法与露普进行任何的情感交流。 露普心灰意冷地来到希拉集市学习音乐。 在这个过程中，她结识了扎法尔并被扎法尔的男子气概和善良英勇所吸引，两人一见钟情并坠入爱河。 然而，扎法尔心中一直暗藏着自己的身世秘密，也渴望着能有机会为自己和母亲复仇，加之印巴分治前夕穆斯林与印度教徒间的矛盾白热化，因此他们之间的爱情注定是曲折而悲剧性的。 最终，扎法尔为了爱情放下了对父亲的仇恨，并在宗教大屠杀中用自己的生命拯救了露普和德夫。

影片将六个渴望爱的心灵置于印度宗教斗争和独立解放运动的时代背景下，讲述了史诗般的爱情故事。《卡兰克》不光故事宏大动人，而且场景华美极具观赏性。 影片中展示了传统的印度伊斯兰风格建筑，宫殿、城堡和市井街巷都是印度北部特有的建筑样式。 此外，传统建筑里的各类装饰和设计都很好地融合了印度传统绘画和雕刻艺术。 电影背景音乐是传统的印度古典音乐，伴随着印度民族舞蹈的精彩演绎，更让影片充满了意境之美。 由于影片的故事发生地基本位于印度北部的穆斯林聚集区，所以里面的建筑、雕刻和绘画都带有明显的伊斯兰格调，音乐也大量采用了乌尔都语诗词并带有伊斯兰风情。

国情背景

一、丰富多彩的印度传统艺术

印度传统艺术可以分为五个大类：建筑、雕刻、绘画、音乐和舞蹈。

印度建筑艺术在世界上占有重要地位，包括古代佛教、印度教、伊斯兰教、耆那教和基督教庙院建筑，宗教石窟，古代陵墓，历代城堡和宫殿等。印度的著名建筑艺术遗址主要有：泰姬陵、阿格拉堡、德里红堡、贾玛清真寺、库杜布塔、印度门、孟买象岛石窟、阿旃陀-埃洛拉石窟、桑奇佛塔、斋普尔风宫、阿姆利则金庙和那烂陀遗址等等。这些建筑遗迹经过历史的洗礼，精美绝伦之处更显得熠熠生辉，让人叹为观止。

泰姬陵位于阿格拉城东南叶木纳河南岸，是印度莫卧儿王朝皇帝沙贾汗于17世纪为纪念其心爱的妃子蒙·泰姬而建的陵墓，沙贾汗死后追随泰姬长眠于此。泰姬陵是印度伊斯兰建筑的完美杰作，它由陵墓主殿、钟楼、清真寺、尖塔、水池、花园等构成，是典型的伊斯兰风格的陵墓设置。泰姬陵的主殿是用一块完整的白色大理石雕琢而成的，上面镶嵌着玛瑙、玻璃和各类宝石制成的装饰品，主殿内的穹顶设计体现了伊斯兰建筑的独特美感。陵墓主殿位于中轴线末端，周围环绕着花圃和水池，整个陵园布局和谐，比例得当，堪称经典。印度诗人泰戈尔称泰姬陵为"永恒面颊上的一滴眼泪"，泰姬陵被现代人誉为"世界新七大奇迹"之一。

库杜布塔是印度最高的塔，兴建于1199年，落成于1230年，被誉为"印度七大奇迹"之一。库杜布塔位于印度首都新德里南部，是库巴

印度建筑艺术的瑰宝,世界"新七大奇迹"之一——泰姬陵

特清真寺的一部分。库杜布塔高 75.56 米,塔身呈圆锥形,采用赭红砂石砌成,共分为 5 层,塔身由下往上逐渐缩小,塔壁上有用阿拉伯文雕刻的《古兰经》和各类花纹图案。库杜布塔的一大建筑特色是,精致的环形阳台和支撑阳台的钟乳石圈与塔身上的各类花纹图案和古老经文相得益彰,隽永秀丽。

印度雕刻艺术滥觞于印度河流域文明时期。时至今日,其雕刻种类之丰富令人称奇。饰品、器具、神像、壁刻、装饰、印章等各种雕刻艺术品琳琅满目,层出不穷。印度最著名的雕刻艺术杰作是位于德干高原马哈拉施特拉邦东部重镇奥兰加巴德郊区的阿旃陀-埃洛拉石窟。石窟开凿在丛林间的山谷岩壁上,各类神像石雕分布于石窟中间,精美绝伦,数不胜数。其中,阿旃陀石窟修建于公元前 2 世纪到公元 7 世纪,主要以佛教石雕为主,佛像大多面容宁静、悲悯而温柔,佛像姿势各异、大小不一,或坐或卧,也有立姿。埃洛拉石窟修建于 7 世纪到 11 世纪,里面有 17 座印度教石窟、12 座佛教石窟、5 座耆那教石窟以及宫殿、花园和动物的石雕,它们见证了印度教的繁盛、佛教的衰落和耆那教的复兴。埃洛拉石窟相较于阿旃陀石窟而言,其石雕艺术数量更多、题材更丰富。阿旃陀石窟经历了佛教在印度的兴盛,随着佛教在印度的衰落而逐渐被世人遗忘,走向荒废;而埃洛拉石窟是印度教、佛教和耆那教的共同神殿,因此香火延续至今。石窟里的雕像世世代代默默地讲述着宗教内外的传奇故事。

印度绘画是印度艺术的重要组成部分,距今已有5 000余年历史。印度传统绘画大多围绕宗教神祇和王室生活创作。印度绘画艺术种类丰富,主要包括壁画、细密画、金属装饰画和微型画等等。印度古代绘画有东西方两种流派的特征。其中,西方流派属于健陀罗风格,受到伊朗艺术的影响;而东方特色的绘画则表现出那烂陀艺术学派的风格。印度绘画作品中有许多题材来源于不同的印度古代神话故事。细密画是印度绘画艺术的主要形式。印度细密画的尺寸不大,构图严谨繁复,画中景物细致精美,内容丰富生动,极具观赏性和可读性。印度细密画可以分为三类:印度本土宗教细密画、莫卧儿细密画和拉杰普特细密画。

印度本土宗教细密画以印度教、佛教和耆那教的抄本插画为主,流行于11世纪至16世纪的印度北部地区,其画法简单朴素,充满民间绘画色彩。莫卧儿细密画是印度莫卧儿王朝时期的宫廷绘画,描绘的是莫卧儿王朝的历史故事和王室生活,它融合了印度传统细密画的生活性、波斯细密画的装饰性以及西方绘画的写实性,形成了折中的艺术风格。拉杰普特细密画是信奉印度教的拉杰普特人的美术创作,流行于16世纪至19世纪印度拉贾斯坦和旁遮普地区。拉杰普特细密画继承了印度本土宗教细密画的传统,也受到了莫卧儿细密画的影响,其绘画主题多为印度教的神话传说和拉杰普特土邦王公的宫廷生活。

印度音乐发育的土壤是多民族、多语言、多宗教的印度文化。印度音乐里始终都能见到宗教的影子,不光是庙堂里纯粹的宗教音乐,印度古典音乐和民间音乐也或多或少地包含了一些宗教的情感表达。印度传统古典音乐突出浓重的情感色彩，有一定的宗教含义，同时遵循了规整的韵律和节奏。轻古典音乐则突破了宗教的约束，是趋于世俗化的音乐表达，更容易被人们接受。印度的民间音乐形式十分丰富，呈现出不同民族的文化特征，有不同地方语言写的歌谣，也受到不同宗教信仰和地域文化的影响。比如，印度东北部各邦有着自己独特的民间音乐形式，如击鼓音乐、竹舞音乐等；而拉贾斯坦民间则流传着伯帕音乐。此外，近一百年来，印度的电影音乐融合舞蹈、剧情和丰富的情感于一体，日益成为人们喜爱的音乐形式。

印度舞蹈种类繁多，大致可分为古典舞、民间舞和宝莱坞舞蹈三类。其中，古典舞富有宗教意味，有着严格的姿势和舞步标准，印度古代有一种说法，"古典舞是表演给神看的舞蹈"；民间舞和宝莱坞舞蹈则偏向于大众娱乐。

二、印度艺术文化的历史底蕴

印度的建筑艺术随着宗教的演进和政权的更迭不断发展完善。早期，伴随印度各本土宗教的兴盛，印度教、佛教和耆那教的宗教建筑成为主流；13—18世纪，印度基本上处于伊斯兰政权的统治，伊斯兰建筑体系逐渐在印度建立起来，当然也融合了一些印度本土的建筑风格和样式。印度伊斯兰建筑是印度古代民族融合时期的产物，在莫卧儿王朝时期达到巅峰，如今已成为世界伊斯兰建筑体系的重要组成部分。

印度的雕刻创作始于印度河流域文明时期。最初，在印度河流域出土了大量玛瑙、象牙、青铜等制成的印章，这些早期的印章上面雕刻的大多是各种动物的图案，也有些是神或人的形象。孔雀王朝时期，石头逐渐成为印度普遍采用的建筑和雕刻原料，阿育王石柱便是这一时期石雕艺术的典范，一直留存至今。孔雀王朝之后的几个世纪里，佛教雕刻艺术发展兴盛起来，桑奇佛塔精美的雕栏和塔门是当时精湛雕刻工艺的代表作品。公元1世纪后半叶,受到西方希腊、罗马和波斯雕刻艺术流派的影响,印度逐渐形成了一种新的雕刻艺术形式——健陀罗艺术。健陀罗艺术融汇了西方和印度艺术的精华,是古代印度雕刻艺术的最高成就,并为后世所继承和发展。随着佛教、印度教和耆那教的先后兴盛,印度的神像和石窟雕刻一度蔚然成风。10世纪以后,随着穆斯林大举东进以及地区性封建势力相互争权夺利,印度各地战争连绵,从而导致印度本土的宗教建筑和雕刻艺术遭到不同程度的破坏。由于伊斯兰教反对偶像崇拜,在穆斯林政权统治时期,印度雕刻艺术基本处于停滞状态。

印度绘画艺术发展的历史十分悠久。石器时代,印度就出现过早期的简易绘画,主要是在岩石上描绘狩猎、舞蹈、战争的场面,在陶器上绘制简单的花纹。到印度河文明时期,印度绘画艺术得到了初步的发展。从出土的各类雕像、印章和器具可以看出,当时的人物、动植物和几何图案的绘画创作已经初具雏形。在孔雀王朝时期,印度绘画创作伴随建筑和雕刻艺术的发展日臻完善。到了贵霜王朝统治时期,印度形成了健陀罗、马图拉和阿默拉沃蒂三大绘画艺术中心。其中,健陀罗绘画艺术是东西方艺术融合的精粹,马图拉绘画艺术更倾向于印度本土传统风格,而阿默拉沃蒂风格则更具纯粹性。笈多王朝奉行宗教宽容政策,佛教和印度教绘画艺术鼎盛,印度古典主义绘画迎来黄金期。到伊斯兰时代,印度伊斯兰美术兴起并盛极一时。

印度人认为,印度音乐是湿婆神所创造,并通过师徒传承的方式发展延续。印度音乐形式丰富,极具情感表现力,是世界音乐文化的珍贵宝藏。13世纪初的莎兰咖提瓦被认为是印度传统音乐的圣者。印度舞蹈则源于古时候人们对神灵的崇拜。舞蹈最初作为一种祭祀礼仪,后来逐渐演化为人们日常生活中的世俗舞蹈。舞蹈在印度得到巨大的发展,并成为天性乐观的印度人生活中不可或缺的快乐源泉。印度教大神湿婆被印度人尊为"舞神",可见舞蹈在印度人心中的重要性。印度舞蹈与印度音乐常常同时演绎,相得益彰。

附 录　电影推荐及剧情概要

1.《偶滴神啊》

该片讲述了一个略为荒诞的故事。一个不信神的古玩店主坎吉，因店铺在地震中坍塌，面临破产，妻离子散。生活受到极大打击，而自身却无法得到补偿。为此，他愤而将神告上法庭，然而遇见神后，神却帮助他打赢了官司，最终坎吉改变了对宗教的看法。影片反映出，宗教神灵在印度人的思维观念中是"正法"的象征。

2.《帕德玛瓦蒂王后》

该片改编自 16 世纪印地语长诗《帕德玛瓦蒂》。影片中,斯里兰卡公主、拉杰普特王后帕德玛瓦蒂拥有倾城美貌,德里苏丹听闻王后绝世美貌,遂发兵攻打拉吉普特王国,欲将她夺为己有。虽然苏丹最终战胜,但帕德玛瓦蒂为了保护自己的清誉和国家的声誉而自焚殉夫。影片在叙述故事的同时,展现了印度宏大精美的传统建筑和雕刻艺术,以及华丽的服饰。

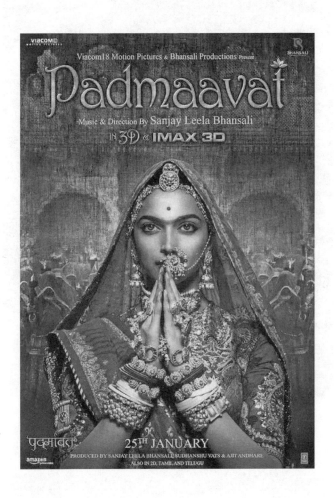

3.《大河之歌》

影片讲述了一个印度贫苦家庭的悲欢离合的故事。电影极具写实性,将印度人的生活状况完美地呈现给观众。观众通过此片可以体会到印度文化中最真实的部分。

参 考 文 献

［1］安双宏:《印度教育战略研究》,浙江教育出版社,2014 年版。

［2］安双宏:《印度教育公平战略及其实施成效研究》,浙江大学出版社,2016
年版。

［3］蔡彤宇:《OM! 印度》,暨南大学出版社,2015 年版。

［4］陈恭禄:《印度通史大纲》,岳麓书社,2011 年版。

［5］陈小萍:《印度教民族主义与独立后印度政治发展研究》,时事出版社,2015
年版。

［6］陈峰君:《印度社会与文化》,北京大学出版社,2013 年版。

［7］董磊:《战后经济发展之路——印度篇》,经济科学出版社,2013 年版。

［8］郭菲:《我在印度的 701 天》,上海文化出版社,2018 年版。

［9］郭子林:《看得见的世界史 古印度》,石油工业出版社,2019 年版。

［10］关春华:《印度对外贸易政策演进及其效应研究》,冶金工业出版社,2012
年版。

［11］何祖坤:《印度女性问题的历史沿革与现代演进》,中国社会科学出版社,
2017 年版。

［12］贺泽劲:《印度,改变一生的旅行》,广东旅游出版社,2014 年版。

［13］胡启明、宋中华、吴欣欣:《印度 IT 产业迅猛发展的要素论析》,西南交通大
学出版社,2019 年版。

［14］黄立军、李旸:《印度国际服务外包经典案例》,暨南大学出版社,2017 年版。

［15］黄伟雯(玛杜莎):《用电影说印度》,创意市集,2019 年版。

［16］姜玉洪:《印度文化模式研究》,人民出版社,2008 年版。

［17］江晓美:《印度财经故事》,中国科学技术出版社,2011 年版。

［18］焦玲玲:《殖民文化与印度电影研究》,新华出版社,2015 年版。

[19] 焦玲玲：《后殖民主义视域下的印度电影研究》，黑龙江大学出版社，2016年版。

[20] 李艳芳：《印度服务外包发展研究》，经济科学出版社，2014年版。

[21] 李好：《印度对外贸易政策改革研究》，经济科学出版社，2015年版。

[22] 李超民主编：《印度社会保障制度》，上海人民出版社，2016年版。

[23] 李飒：《冷眼看世界·艺术印度》，河南美术出版社，2018年版。

[24] 李军、黄玉玺、胡鹏等：《印度农业》，中国农业出版社，2018年版。

[25] 刘建、朱明忠、葛维钧：《印度文明》，中国大百科全书出版社，2017年版。

[26] 刘欣如：《印度古代社会史》，商务印书馆，2017年版。

[27] 吕昭义：《印度国情报告》(2011—2016)，社会科学文献出版社，2012—2017年版。

[28] 吕鹏飞：《不可思议的印度》，广东人民出版社，2018年版。

[29] 卢欣：《印度对外贸易政策研究》，东北财经大学出版社，2013年版。

[30] 林承节：《印度史》，人民出版社，2014年版。

[31] 龙兴春：《印度大国外交》，中国社会科学出版社，2016年版。

[32] 齐世荣：《印度独立运动》，北京师范大学出版社，2018年版。

[33] 任佳：《印度工业化进程中产业结构的演变》，商务印书馆，2007年版。

[34] 尚会鹏：《种姓与印度教社会》，北京大学出版社，2016年版。

[35] 尚会鹏：《印度文化史》，浙江大学出版社，2016年版。

[36] 尚劝余：《印度史话》，中国书籍出版社，2019年版。

[37] 师学伟：《21世纪初印度亚太战略研究》，人民出版社，2017年版。

[38] 孙培钧、华碧云：《印度国情与综合国力》，中国城市出版社，2001年版。

[39] 王树英：《宗教与印度社会》，人民出版社，2009年版。

[40] 王志毅：《孟买之声：当代宝莱坞电影之旅》，海豚出版社，2016年版。

[41] 王树英：《民族政治学：印度的族裔问题及其治理研究》，中国社会科学出版社，2018年版。

[42] 文富德：《印度经济发展前景研究》，时事出版社，2014年版。

[43] 吴永年：《变化中的印度：21世纪印度国家新论》，人民出版社，2010年版。

[44] 薛克翘：《象步凌空：我看印度》，世界知识出版社，2010年版。

[45] 薛克翘：《印度文化论辑》，中国大百科全书出版社，2016年版。

[46] 徐琰:《印度圣雄:甘地》,北京师范大学出版社,2015 年版。

[47] 杨洪:《印度弱势群体:教育与政策》,人民出版社,2011 年版。

[48] 杨文武主编:《印度经济发展模式研究》,时事出版社,2013 年版。

[49] 杨怡爽:《印度神话》,陕西人民出版社,2015 年版。

[50] 袁田:《印度,去十次都不够》,江苏人民出版社,2012 年版。

[51] 郁龙余等:《印度文化论》,北京大学出版社,2016 年版。

[52] 尹锡南:《印度文化史》,巴蜀书社,2015 年版。

[53] 张高翔:《印度教派冲突研究》,人民出版社,2012 年版。

[54] 张淑兰、赵伟祺、霍文乐、张洋:《印度(一带一路国别概览)》,大连海事大学
     出版社,2019 年版。

[55] [印]阿希什·拉贾德雅克:《你不属于:印度电影的过去和未来》,陈韵等译,
     上海人民出版社,2012 年版。

[56] [英]阿施施拉扎德亚差:《印度电影(牛津通识读本)》,牛津大学出版社,
     2016 年版。

[57] [印]阿马蒂亚·森:《惯于争鸣的印度人:印度人的历史、文化与身份》,中国
     人民大学出版社,2018 年版。

[58] 澳大利亚 Lonely Planet 公司:《印度　孤独星球》,中国地图出版社,2018
     年版。

[59] [印]阿希什·拉贾德雅克萨:《印度电影简史》,瑞尔译,海南出版社,2019
     年版。

[60] [美]芭芭拉·D.梅特卡夫、托马斯·R.梅特卡夫著:《剑桥现代印度史》,李
     亚兰、周袁、任筱可译,新星出版社,2019 年版。

[61] [日]常磐大定:《印度文明史》,华文出版社,2019 年版。

[62] [印]迪帕克·拉尔:《印度均衡:公元前 1500—公元 2000 年的印度》,赵红
     军主译,北京大学出版社,2008 年版。

[63] [美]卡尔·达尔曼、阿努扎·乌茨:《印度与知识经济:发掘优势　把握机
     遇》,宗钢等译,人民教育出版社,2014 年版。

[64] [印]贾瓦哈拉尔·尼赫鲁:《印度的发现》,齐文译,徐波审译,世界知识出版
     社,2018 年版。

[65] [英]迈克尔·伍德:《印度的故事》,廖素珊译,浙江大学出版社,2012 年版。

［66］［印］桑迪潘·德布：《印度理工学院的精英们》，北京大学出版社，2010年版。

［67］［日］妹尾河童：《窥视印度》，姜淑玲译，三联书店，2015年版。

［68］［印］苏库马尔·莫拉里塔兰：《印度与世界：对融入世界新模式的认识》，刘小雪译，社会科学文献出版社，2014年版。

［69］［印］萨哈里亚：《印度经贸投资指南》，张媛媛等译，云南人民出版社，2011年版。

［70］［美］斯坦利·沃尔波特：《细数恒河沙：印度通史》，李建欣、张锦冬译，东方出版中心，2019年版。

［71］［德］施勒伯格：《印度诸神的世界》，中西书局，2016年版。

［72］［印］苏西玛·k·巴尔：《印度艺术五千年》，张霖源、欧阳帆译，四川美术出版社，2017年版。

［73］［美］普尔尼马·曼克卡尔：《观文化，看政治：印度后殖民时代的电视、女性和国家》，商务印书馆，2015年版。

［74］王红生、［印］B.辛格：《尼赫鲁家族与印度政治》，北京大学出版社，2011年版。

［75］［印］威奈·莱、［美］威廉·L·西蒙：《思考印度》，宣晓风、汤风云译，上海大学出版社，2010年版。

［76］［印］辛加尔：《印度与世界文明》，商务印书馆，2018年版。

后　记

　　2019 年 5 月,根据重庆市教育委员会、重庆市财政局《关于开展重庆市高校国际化人文特色建设工作的通知》和《重庆市高校国际化人文特色(非通用语)建设方案》,四川外国语大学正式启动重庆市高校国际化人文特色建设项目。其中,教学团队项目致力于服务非通用语专业建设以及复语/复专业非通人才培养。为了更好地支撑川外印地语专业的教学,逐步打造川外印地语教学的影响力,课题组申报了《电影镜头下的印度国情面面观》特色教材建设项目。

　　本教材的最大特点就是从印度题材的电影出发来介绍和评析印度国情的主要情况。这既符合印度电影的现实主义取向和日益增长的全球影响力,又能够最有效地增强学生学习的兴趣和动力。为此,课题组通过文献查阅、专家访谈、调研走访等多种方式对印度电影与印度国情之间的关联性进行了思考和研究,并在此基础上精选了部分电影来反映印度历史、经济、政治、社会、文化等五个方面的内容,同时还附录了一些与特定主题相关的拓展性影片,以便学生在课后能够进一步开阔视野。

　　本教材编撰的分工情况如下:朱天祥负责教材提纲、目录、第一章"印度概览"和第三章印度经济的编写;赵芳琳负责第二章印度历史的编写;张庆负责第四章印度政治的编写;李智婧负责第五章印度社会的编写;熊晨旭负责第六章印度文化的编写,以及全书的统稿和校对工作。其中,熊晨旭和赵芳琳两位印地语专业教师在全书的构思、印地语资料收集以及对印度国情的把握方面起到了至关重要的作用。

在此，我们想郑重地对为本教材提供学术指导的专家学者表示最衷心的感谢。他们是牡丹江师范学院焦玲玲老师、天津师范大学付筱茵老师、西安外国语大学戈富平老师、解放军外国语学院廖波老师、四川外国语大学段孟洁老师以及印度外教 Rajasimman Sundaram。在教材编写过程中，谢乐天、黄砚彤、陈果、罗茂格、张雪雪、曹晓利、赵学林等研究生同学也在资料搜集、文字校对、剧情编写等方面做出了重要贡献。

另外，本教材得以成型，离不开对印度电影和印度国情进行研究与宣介的众多学者及实践工作者的辛勤付出和不懈努力，也借此机会向他们表达崇高的敬意。他们的学术和信息贡献已在各章节的注释和书后的参考文献中标明，此处就不再一一列举了。

鉴于编写组成员的能力与水平有限，本教材肯定存在诸多需要进一步改进和完善之处。我们将在今后的教学实践中不断发现问题，不断改正问题，也欢迎专家学者和各位读者朋友们批评指正。

编　者

2021 年 11 月 7 日